LECTURAS DIARIAS
tomadas de

CADA DÍA ES VIERNES

90 DEVOCIONALES PARA SER FELIZ LOS 7 DÍAS DE LA SEMANA

P9-DEF-117

JOEL OSTEEN

OTROS LIBROS POR JOEL OSTEEN EN ESPAÑOL

LECTURAS DIARIAS
tomadas de
CADA DÍA ES VIERNES

90 DEVOCIONALES PARA SER FELIZ LOS 7 DÍAS DE LA SEMANA

JOEL OSTEEN

CONTENIDO

PARTE 1
No renuncies a tu poder

PARTE II
Saber qué pasar por alto

PARTE III
Vivir sin apoyos

PARTE IV
Viaja ligero

PARTE V
Ríete con frecuencia

INTRODUCCIÓN

Escribí *Cada día es viernes* después de leer acerca de varios estudios relacionados con los efectos positivos de la felicidad. Uno mostraba que la gente es más feliz los viernes. Otro mostraba que los lunes son tan estresantes para algunos que ocurren más ataques cardiacos ese día que en otros. También había varios informes acerca del impacto positivo de la felicidad y el optimismo sobre la salud mental y física.

Gracias a que leí todas estas investigaciones quiero alentar a la gente a ver cada día de la semana como un regalo de Dios, y a vivir cada día con gratitud, buen humor y fe. *Lecturas diarias tomadas de Cada día es viernes* está diseñado para ayudarte a hacer justo eso, un día a la vez.

Esta colección de noventa meditaciones contiene fragmentos del libro original que enfatizan mensajes positivos, inspiradores y que edifican la fe, junto con material adicional de apoyo y aliento en la forma de versículos bíblicos, oraciones diarias y pensamientos diarios.

Espero que mis palabras y el resto del material de este libro de meditaciones diarias levanten su ánimo, encienda su fe e incremente el favor de Dios sobre su vida.

Lecturas diarias tomadas de Cada día es viernes está dividido en siete partes clave. Cada parte esta diseñada para edificar sobre las anteriores. La meta es que tomes un breve tiempo cada día para leer y reflexionar, poner los eventos y circunstancias de tu vida en perspectiva y que recibas impulso mental, emocional y espiritual.

Cada una de las lecturas diarias fue seleccionada para enfatizar una de las siete claves. He añadido varias características más para ayudarte a aplicar y vivir la verdad que Dios quiere que sepas. Por lo tanto, cada devocional diario incluye:

- **Una lectura sugerida de la Escritura:** Estos pasajes algunas veces se relacionarán directamente con la clave que se esté describiendo, y en otras instancias la lectura proveerá el trasfondo necesario para comprender de manera precisa la verdad para ese día. Por favor no dejes de lado estas breves selecciones de la Palabra de Dios si quieres obtener el beneficio completo de este libro

- **Versículo(s) clave:** Un versículo o versículos escogidos de la lectura bíblica que expresen el tema de la meditación.

- **Un fragmento de *Cada día es viernes* para meditar:** Una breve historia o lección que creo que te va a alentar y edificar.

- **La oración de hoy:** Una oración diaria que puede servir de modelo para ayudarte a expresar tus peticiones de oración, deseos, gratitud y nuevos compromisos con Dios. Siéntete libre de adaptar estas oraciones y apropiártelas. Ten una conversación personal con tu Padre celestial.

- **El pensamiento de hoy:** Estos son puntos que tienen el propósito de ser considerados seriamente después de cada lectura diaria. La Palabra de Dios nos dice que nuestros patrones de pensamiento se convierten en nuestros patrones de acción. La manera en que nos hablamos a nosotros mismos influencia grandemente nuestras acciones. Las secciones de "El pensamiento de hoy" también tienen el propósito de alentarte a concordar con lo que *Dios piensa de ti* a lo largo de cada día.

Estas noventa lecturas deberán ser leídas a un ritmo de una por día para que te acompañen durante tres meses más o menos. Mi sueño es que, día a día, te fortalezcas en gratitud, en felicidad, en fe y en bienestar.

JOEL OSTEEN

LECTURAS DIARIAS TOMADAS DE
CADA DÍA ES VIERNES

PARTE
I

No renuncies a tu poder

La felicidad es una decisión

Lectura bíblica: Filipenses 4

Por último, hermanos, consideren bien todo lo verdadero, todo lo respetable, todo lo justo, todo lo puro, todo lo amable, todo lo digno de admiración, en fin, todo lo que sea excelente o merezca elogio.

FILIPENSES 4:8

John tenía noventa y dos años de edad y estaba ciego, pero se mantenía tan vivaz como podía estarlo cuando su esposa, Eleanor, partió con el Señor. Sentía que no debería vivir solo, así que John decidió trasladarse a una residencia de ancianos. La mañana de la mudanza, él estaba levantado y vestido a las 8:00 de la mañana. Como siempre, el anciano caballero se veía impecable, con su cabello perfectamente peinado y su rostro bien afeitado.

Un taxi llegó para recogerle y llevarle a la residencia. John llegó temprano, como era su costumbre, y esperó más de una hora antes de que una joven ayudante, Miranda, llegase para mostrarle su nueva habitación. A medida que John manejaba su andador por los pasillos, Miranda le describía su habitación con gran detalle. Le dijo que entraba la luz del sol por una ventana grande, y que había un cómodo sofá y una bonita zona común.

Justo a la mitad de su descripción, John interrumpió y dijo: "Me encanta. Me encanta. Me encanta".

Miranda se rió y dijo: "Señor, aún no hemos llegado. Usted no lo ha visto. Espere un momento y se lo mostraré".

John dijo: "No, no tiene que mostrármelo. Si me gusta o no me gusta mi habitación no depende de cómo estén acomodados los muebles. Depende de cómo esté acomodada mi *mente*. La felicidad es algo que uno decide de antemano".

Como el sabio anciano John entendía, la felicidad es una elección. Cuando te despiertas en la mañana, puedes escoger qué tipo de día quieres tener. Puedes escoger estar de buen humor, o puedes escoger estar de mal humor.

La oración de hoy

Padre, hoy escojo estar feliz. Escojo pensar en cosas que sean buenas, verdaderas, puras y amables. Lléname de tu paz mientras mantengo mis pensamientos en ti. En el nombre de Jesús. Amén.

El pensamiento de hoy

¡Saca lo mejor de lo que llegue a tu camino, y busca la mano de bendición de Dios para que te lleve a la vida abundante que ha planeado para ti!

Cada día es un regalo de Dios

Lectura bíblica: Eclesiastés 5

También es algo bueno recibir riquezas de parte de Dios y la buena salud para disfrutarlas. Disfrutar del trabajo y aceptar lo que depara la vida son verdaderos regalos de Dios.

ECLESIASTÉS 5:19, NTV

Según los autores de la Declaración de Independencia de los Estados Unidos nuestro Creador nos dio a cada uno de nosotros el derecho a la vida, la libertad y la búsqueda de la felicidad.

Incluso el primer ministro británico David Cameron reconoció eso recientemente cuando propuso realizar una encuesta a todos los residentes cada año para medir su bienestar general.

En una entrevista dijo: "El bienestar no puede medirse por el dinero ni se puede comerciar con él en los mercados. Se trata de la belleza de nuestros entornos, la calidad de nuestra cultura y, sobre todo, la fortaleza de nuestras relaciones".

Un investigador en Australia descubrió que las metas y las decisiones en la vida tienen tanto o más impacto sobre la felicidad que la química de nuestro cuerpo o nuestra constitución genética. Otro estudio descubrió que la mitad de nuestra felicidad está determinada por factores distintos a la biología. El diez por ciento se relaciona con "las circunstancias de la vida" y el otro noventa por ciento depende de las decisiones en nuestra vida.

Lo que tiene importancia no es lo que te sucede o lo que tienes o no tienes; lo importante es cómo esté acomodada tu mente y las decisiones que tomes. Cuando nuestra hija, Alexandra, era un bebé y yo la sacaba de su cuna en la mañana, ella se emocionaba tanto al oírme llegar que comenzaba a dar saltos arriba y abajo. Me daba un gran abrazo con su brazo y con sus piernas, y después un gran beso.

¿Por qué se emocionaba tanto? Ella estaba feliz por el amanecer de un nuevo día. Alexandra se emocionaba por estar viva y tener otro día para disfrutarlo. Esa es la emoción que Dios ha puesto en el interior de cada uno de nosotros. No deberíamos olvidar cómo celebrar cada día, pero con frecuencia, a medida que envejecemos, permitimos que los desafíos de la vida nos abatan y entristezcan nuestro espíritu.

Tenemos que entender que cada día es un regalo de Dios. Cuando este día se acabe, nunca podremos recuperarlo. Si cometemos el error de ser negativos, desalentados, gruñones o malhumorados, habremos desperdiciado el día. Algunas personas desperdician año tras año, siendo infelices porque alguien no les trata correctamente, o porque no consiguen lo que quieren, o porque sus planes no se están cumpliendo tan rápidamente como les gustaría. Yo he tomado la decisión de no desperdiciar ni un día más. Celebro cada día como un regalo de Dios.

La oración de hoy

Padre, gracias por este día que has hecho; decido regocijarme y alegrarme en él. Ayúdame a ver tu mano de bendición obrando. Ayúdame a ver lo valiosa que es cada persona que encuentre, y ayúdame a ver tu amor en cada situación. En el nombre de Jesús. Amén.

El pensamiento de hoy

Proponte disfrutar de este día, y tener un año bendecido, próspero y victorioso. Puede que afrontes algunos reveses, y puede que tus circunstancias cambien, pero no permitas que eso cambie tu mente. Mantenla fija en la felicidad.

Está siempre alegre de corazón

Lectura bíblica: 1 Tesalonicenses 5

Estén siempre alegres.

1 Tesalonicenses 5:16

He descubierto que la mayor parte del tiempo tenemos lo que necesitamos para ser felices. Sencillamente no tenemos la perspectiva correcta. Por ejemplo, puede que no seas feliz con el trabajo que tienes en este momento, pero si perdieras ese trabajo y pasaran meses sin recibir ningún ingreso, estarías feliz de recuperarlo.

¿Lo ves? Tenías lo que necesitabas para ser feliz. Sencillamente no te diste cuenta. Conozco a personas que tienen una salud perfecta, pero nunca son realmente felices; siempre hay algo que les molesta. Quieren tener una casa más grande o un trabajo mejor; pero si perdieran su salud y después la recuperasen, estoy seguro de que estarían emocionados. Tienen lo que necesitan para ser felices.

Oigo a mujeres que se quejan y se quejan de sus esposos, y a hombres que se quejan y se quejan de sus esposas. "[Él o ella] es demasiado en esto", o "no lo suficiente en aquello". Pero si sus cónyuges se fuesen de repente y ellos se quedasen solos mes tras mes; si no tuvieran a nadie con quien hablar; si no tuvieran a nadie con quien cenar, podrían ser felices tan solo por volver a tener a "quien les molesta", quiero decir, su *esposo* o su *esposa*.

Mantén tu vida en la perspectiva correcta. Cada uno de nosotros tiene algo incluso en este momento por lo que estar feliz: nuestra salud, nuestro trabajo, nuestra familia o una oportunidad.

Conozco a una pareja que constantemente se quejaba de su casa. Era demasiado pequeña y estaba demasiado alejada en el campo. Era una fuente de frustración año tras año. Pero cuando la economía decayó, desgraciadamente sus ingresos también disminuyeron, y estuvieron muy cerca de perder esa casa. Justamente antes de que el banco ejecutase la hipoteca, ellos pudieron refinanciarla y fueron capaces de mantener su casa.

¿Sabes que ahora piensan que esa casa es lo mejor del mundo? Presumen de ella como si fuese completamente nueva. ¿Qué sucedió? Cambiaron su perspectiva.

La oración de hoy

Padre, solamente tú eres la fuente de mi contentamiento. Gracias por bendecirme con todo lo que necesito en esta vida. Lléname de tu gozo y satisfacción a medida que te doy gracias y te alabo. En el nombre de Jesús. Amén.

El pensamiento de hoy

He descubierto que hay muy pocas cosas en la vida que tenemos que hacer. "Tengo que pagar mis impuestos". No; realmente tú *pagas* tus impuestos. El hecho de que tengas que pagar impuestos significa que has ganado dinero. Eso me dice que Dios te bendijo con oportunidad.

La felicidad está basada en tu perspectiva

Lectura bíblica: 2 Corintios 5

Porque por fe andamos, no por vista.

2 Corintios 5:7, rv60

Leí sobre dos hombres que habían sido albañiles por más de treinta años. Estaban trabajando en un inmenso rascacielos en el centro de la ciudad. Uno de los hombres era siempre negativo, estaba desalentado, se quejaba constantemente y aborrecía ir a trabajar. El otro hombre era todo lo contrario. Estaba emocionado por ir al trabajo cada día y tenía una actitud de fe y entusiasmo en la vida.

Un día, un amigo pasó por el lugar de trabajo y les preguntó por separado qué estaban haciendo. El primero dijo: "Ah, solo estamos poniendo ladrillos. Llevamos haciéndolo por treinta años. Es muy aburrido. Un ladrillo encima del otro".

Entonces el amigo le preguntó al segundo albañil, y a él se le iluminó la cara. Dijo: "Sí, estamos construyendo un magnífico rascacielos, "Esta estructura se mantendrá en pie durante generaciones futuras. Me emociona mucho poder ser parte de ello".

La felicidad de cada albañil, o su falta de ella, estaba basada en su perspectiva. Puedes estar poniendo ladrillos o puedes estar construyendo un hermoso rascacielos. La elección es tuya. Puedes ir a trabajar cada día, fichar y aborrecer estar allí, y hacer lo menos posible. O puedes acudir con entusiasmo y poner toda tu energía, sabiendo que estás haciendo que el mundo sea un lugar mejor.

La oración de hoy

Padre, hoy levanto mis ojos a ti. Muéstrame tus caminos; dame tu perspectiva más alta. Ayúdame a remover los límites de mi vida para que pueda caminar contigo en victoria todos y cada uno de los días. En el nombre de Jesús. Amén.

El pensamiento de hoy

He descubierto que nosotros creamos gran parte de nuestra propia infelicidad. Vemos lo que va mal en lugar de ver lo que va bien. Nos fijamos en lo que no tenemos en lugar de fijarnos en lo que sí tenemos. No celebramos cada día y apreciamos el regalo que Dios nos ha dado.

Considérate muy dichoso

Lectura bíblica: Santiago 1

Considérense muy dichosos cuando tengan que enfrentarse con diversas pruebas.

SANTIAGO 1:2

¿Por cuánto tiempo hemos de tener un corazón alegre? ¿Por cuánto tiempo hemos de tener una sonrisa en nuestra cara? ¿Mientras la gente nos trate bien? ¿Mientras nos sintamos bien? ¿Mientras la economía vaya bien? No; la Escritura dice: "Estén *siempre* alegres" (1 Tesalonicenses 5:16, énfasis añadido). Eso significa en los buenos momentos y en los malos momentos, cuando hace sol y cuando llueve.

Cuando haya nubes negras por encima de tu cabeza y sientas que la vida es deprimente y sombría, recuerda siempre que por encima de esas negras nubes el sol brilla. Puede que no veas el sol en tu vida en este momento, pero eso no significa que no esté ahí. Tan solo está tapado por las oscuras nubes. La buena noticia es que las nubes son temporales; las nubes no estarán ahí para siempre. El sol volverá a brillar en tu vida.

Mientras tanto, mantén tu gozo. Está siempre alegre de corazón. No permitas que unas cuantas nubes oscurezcan tu vida. La lluvia cae sobre justos e injustos. Eso significa que todos afrontamos desengaños, situaciones injustas, pruebas y tentación. Pero has de saber esto: después de la prueba está el ascenso. Al otro lado de cada dificultad hay aumento. Si pasas por la adversidad con una sonrisa en tu cara y un canto en tu corazón, al otro lado habrá una recompensa.

Pero muchas veces nos desalentamos en los momentos difíciles. "Hoy me siento deprimido porque los negocios son lentos"; "Me siento mal porque recibí un informe médico negativo"; "Estoy preocupado por esta situación legal".

La naturaleza humana tiende a volverse negativa en los momentos difíciles, pero la Escritura nos dice que hagamos precisamente lo contrario. Santiago 1:2 nos dice que debemos mantenernos llenos de gozo durante los tiempos de prueba. Eso no parece tener sentido para algunas personas. "¿Quiere decir que hemos de estar gozosos y alegres en medio de los momentos duros?", preguntan. Sí, correcto; porque cuando pierdes tu gozo, pierdes tu fortaleza.

Necesitas tu fortaleza más que nunca en los momentos difíciles, y tu fortaleza depende de tu gozo. Cuando te estás enfrentando a una crisis económica, cuando estás tratando una enfermedad, cuando experimentas una ruptura en una relación, o cuando estás educando a un hijo rebelde, necesitas tu fortaleza. Si atraviesas esos desafíos sintiéndote negativo, amargado y desalentado, no tendrás la vitalidad para permanecer fuerte y luchar la buena batalla de la fe.

Puedes mantener tu gozo sabiendo que al otro lado de cada prueba hay ascenso. Al otro lado de cada revés hay oportunidad. Al otro lado de cada ofensa hay crecimiento.

La oración de hoy

Padre, hoy no importa qué circunstancias enfrente, decido considerarme muy dichoso. Confío en que estás conmigo, a mi favor y que estás trabajando tras bambalinas para llevarme a la victoria en cada área de mi vida. En el nombre de Jesús. Amén.

El pensamiento de hoy

Tan solo sigue recordándote a ti mismo: Aunque esto sea difícil, aunque no lo entienda, aunque no sea justo, mantendré una buena actitud y permaneceré lleno de gozo, sabiendo que esto no me entorpece sino que me prepara para que Dios me saque al otro lado de esto en una posición aún mejor.

Ponte el manto de alabanza

Lectura bíblica: Salmos 145

*Para conceder que a los que lloran [...] Manto de alabanza en
vez de espíritu abatido; para que sean llamados robles de justicia,
plantío del Señor, para que El sea glorificado.*

ISAÍAS 61:3, NBLH

Cuando te pones el manto de alabanza, ese espíritu de angustia
tiene que irse. A veces no tendrás ganas de hacerlo; no tendrás ganas
de tener una buena actitud; no tendrás ganas de estar agradecido. Por
eso Dios dice que ofrezcamos sacrificio de alabanza. Dios sabía que
no siempre sería fácil. Tendrás que mantenerte firme y decir: "Dios,
no tengo ganas de hacer esto. No parece que vaya a funcionar. Estoy
cansado, y me siento solo y desalentado. Pero Dios, sé que tú sigues
estando en el trono. Sé que tú eres bueno, y que lo eres todo el tiempo,
y por eso escojo darte alabanza. Escojo darte gracias de todos modos".

Cuando ofreces sacrificio de alabanza, comienzan a suceder cosas
sobrenaturales. La Escritura cuenta la historia del apóstol Pablo y
su compañero Silas. Ellos estaban encarcelados por compartir su fe,
y habían sido injustamente golpeados ese mismo día. ¿Qué estaban
haciendo en la medianoche en su celda de la cárcel? ¿Se quejaban?
¿Sentían lástima de sí mismos? ¿Decían: "Dios, no es justo, ¿dónde
estabas hoy?"

No, ellos estaban cantando alabanzas y dando gracias a Dios.
Decían, en efecto: "Dios, sabemos que tú eres mayor que nuestros
problemas. Sabemos que sigues teniendo el control. Tú puedes sacar-
nos de aquí". En efecto, a la medianoche hubo un gran terremoto,
y las puertas de la cárcel se abrieron. Las cadenas cayeron, y Pablo y
Silas salieron de allí como hombres libres.

¿Qué dio comienzo a todo? Que ellos ofrecieron sacrificio de alabanza.

Realmente, cualquiera puede tener una buena actitud cuando todo va bien. Todos podemos celebrar y estar agradecidos cuando estamos en la cima de la montaña, pero ¿dónde están las personas que dan alabanza a Dios cuando todo se desploma? ¿Dónde están las personas que se levantan cada mañana y se preparan para la victoria y el aumento a pesar de todos los malos informes que predicen pesimismo? ¿Dónde están las personas que dicen: "Dios, te sigo alabando aunque el informe médico no fue bueno"

Creo que tú eres una de esas personas. Creo que tienes una gran fe, y tus raíces son muy profundas. Podrías quejarte; podrías desalentarte; podrías tener resentimiento. Pero en cambio, sigues dando alabanza a Dios. Sigues teniendo esa sonrisa en tu cara. Haces lo correcto aunque esté sucediendo lo incorrecto.

Por eso puedo decirte con confianza que saldrás a mayores victorias. Amplía tu visión. Quita a Dios los límites. Aún no has visto tus mejores tiempos. Dios tiene victorias en tu futuro que te sorprenderán. Él intervendrá y aparecerá de maneras inusuales. Puede que en este momento estés en un período difícil, pero recuerda lo siguiente: el enemigo siempre lucha más cuando sabe que Dios tiene algo grande preparado para ti.

La oración de hoy

Padre, hoy me sacudo la pesadez, la frustración y el desaliento, y decido ponerme el manto de alabanza. Te agradezco que estás aquí conmigo ahora, habitando en mis alabanzas y echando fuera todo enemigo. Bendeciré tu nombre continuamente mientras resisto y veo la victoria que tienes preparada para mí. En el nombre de Jesús. Amén.

El pensamiento de hoy

Estás más cerca de tu victoria cuando hay más oscuridad. Esa es la postura final del enemigo. No te desalientes; no comiences a quejarte. Sigue ofreciendo ese sacrificio de alabanza.

El grito de la alegría

Lectura bíblica: Mateo 5

Den gracias al Señor Todopoderoso, porque el Señor es bueno, porque su amor es eterno.

JEREMÍAS 33:11

El profeta del Antiguo Testamento Jeremías escribió: "[Se oirá de nuevo] el grito de gozo y alegría [...] y la voz de los que traen a la casa del Señor ofrendas de acción de gracias y cantan [...] Yo cambiaré la suerte de este país —afirma el Señor—, y volverá a ser como al principio" (Jeremías 33:11). Me gustan en particular dos palabras en este versículo: *cambiaré* y *volverá*. Dios está diciendo que cuando permaneces lleno de gozo, cuando aprendes a ofrecer sacrificio de alabanza, Dios cambiará las cosas a tu favor; Él cambiará situaciones negativas, y Él volverá, o restaurará, lo que ha sido robado.

Pero observa que esa restauración no llega de la queja, de ser negativo o estar amargado. La restauración se produce cuando tienes grito de gozo y de alegría. Eso significa que te levantas en la mañana con un canto en tu corazón. Comienzas cada día con una sonrisa en tu cara. Puede que las cosas no siempre salgan a tu manera, pero no te desalientas; te sacudes eso y lo consideras un gozo.

Cuando vives de esa manera, bien podrías prepararte. Dios estará cambiando y restaurando. Él cambiará las finanzas que han ido mal; Él cambiará el negocio que esté batallando; Él cambiará la situación legal a favor de ti; Él cambiará un problema de salud para sanarte.

No solo eso, sino que Dios restaurará lo que debería haber sido tuyo. Él restaurará los años que perdiste porque alguien te ofendió; Él restaurará una relación que está en peligro. Se producirá restauración porque tú tienes el grito de gozo y alegría, y sigues ofreciendo sacrificio de alabanza.

Aprende a considerarlo todo como un gozo. No estés decidido a no tener nunca problemas; está decidido a permanecer lleno de gozo en medio de tus problemas. Acomoda tu mente en la dirección correcta.

Y a pesar de lo que salga a tu encuentro, no pierdas tu gozo. Aprende a ofrecer ese sacrificio de alabanza. Si mantienes el grito de alegría, el grito de gozo, no podrás permanecer abatido y derrotado.

La oración de hoy

Padre, gracias por tu promesa de restauración en mi vida. Gracias por revertir la destrucción y destruir la carencia. Recibo, por fe, esperanzas y sueños renovados ¡a medida que escojo alegrarme siempre en ti! En el nombre de Jesús. Amén.

El pensamiento de hoy

Dios ha prometido que Él cambiará y restaurará. No solo eso, sino que debido a que tienes gozo, encontrarás la fortaleza para sobrevivir a todo ataque, para vencer todo obstáculo y para derrotar a todo enemigo.

Tú tienes que ser el cambio que buscas

Lectura bíblica: Juan 14

La paz les dejo; mi paz les doy. Yo no se la doy a ustedes como la da el mundo. No se angustien ni se acobarden.

JUAN 14:27

Jesús dijo que no deberíamos permitir que nuestros corazones se angustiaran ni se acobardaran. Observa que es una decisión que tenemos que tomar. Él no dijo: "Me aseguraré de que sus circunstancias sean perfectas. De ese modo podrán ser felices".

Él dijo, en efecto: "Las cosas que les molestan en este momento no tienen por qué molestarles. Las personas que les ofenden, incluso si no cambian, no tienen por qué molestarles". Si haces algunos ajustes y cambias tu enfoque de la vida, puedes ser feliz a pesar de esas circunstancias.

Hoy te estoy pidiendo que dejes de permitir que personas negativas, desengaños e inconvenientes te roben tu gozo. Tienes que mantenerte firme y decir: "Este niño me pone nervioso; le quiero, y me sobrepondré a ello. No dejaré que esto me controle". O: "Este jefe gruñón se lanza a mi garganta sin motivo alguno, pero no voy a permitirle que me arruine ningún otro día". Eso es lo que significa no renunciar a tu poder. Tienes que estar decidido a disfrutar de tu vida.

Una mujer me habló una vez sobre un familiar muy odioso de su esposo que repetidamente le hacía comentarios cortantes y humillantes. Cada vez que estaban en reuniones familiares, invariablemente ese hombre decía algo que a ella le ofendía. Se molestaba y eso le arruinaba el viaje. Llegó a un punto en que ella ni siquiera quería ir a las reuniones familiares de su esposo. Finalmente, le dijo a su esposo: "Tienes que hacer algo al respecto. Él es familia tuya".

Ella esperaba que su esposo dijera: "Tienes razón, cariño. Él no debería hablarte así. Hablaré con él y le pondré en su lugar". Pero el esposo hizo justamente lo contrario. Le dijo: "Cariño, te quiero, pero yo no puedo controlarle a él. Tiene derecho a tener su opinión. Puede decir lo que quiera, pero tú tienes derecho a no sentirte ofendida".

Al principio ella no podía entender por qué su esposo no arreglaba esa situación por ella. Una y otra vez se sentía ofendida. Si el familiar de su esposo estaba en una habitación, ella se iba a otra. Si el hombre estaba en el exterior, ella se aseguraba de quedarse dentro de la casa. Todo su enfoque era evitar a ese hombre. Finalmente, ella se cansó de permitirle que tuviera tal impacto en su vida. Un día fue como si se encendiera una luz. Ella entendió que nadie se tomaba en serio a ese hombre, y que ella le estaba entregando su poder. Estaba permitiendo que una sola persona que tenía sus propios problemas evitase que ella se convirtiese en la mujer que debía ser.

La oración de hoy

Padre, gracias por tu perfecta paz en mi corazón y en mi mente sin importar lo que esté pasando a mi alrededor. Dame sabiduría para conocer las cosas que puedo cambiar, y la sabiduría para saber cuando Tú me estás cambiando. En el nombre de Jesús. Amén.

El pensamiento de hoy

Muchas personas hoy están buscando paz interior verdadera. Buscan a través de las relaciones, las adicciones, el dinero, los aparatos electrónicos e incluso de la religión para tratar de encontrar algo que llene el vacío interior. Pero la verdadera paz no se encuentra en nada que este mundo pueda ofrecer; solamente se puede encontrar a través de una relación personal con Jesucristo. Solamente Él puede satisfacer el anhelo de nuestra alma y darnos paz verdadera y duradera.

No dejes que nadie presione tus detonadores

Lectura bíblica: Proverbios 20

Evitar la pelea es una señal de honor; sólo los necios insisten en pelear.

PROVERBIOS 20:3, NTV

Cuando permites que lo que alguien dice o hace te ofenda, estás permitiendo que esa persona te controle. Cuando dices: "Me haces enfurecer", lo que realmente estás haciendo es admitir que estás renunciando a tu poder. Mientras la persona sepa que puede apretar cierto botón y tú responderás de cierta manera, que puede hacer cierto comentario y tú te ofenderás, y sepa que si ella está fuera tú estarás dentro; mientras sigas respondiendo de la misma manera, estás dándole a esa persona exactamente lo que ella quiere.

Las personas tienen derecho a decir lo que quieran, a hacer lo que quieran, mientras sea legal. Y tenemos derecho a no sentirnos ofendidos. Tenemos derecho a pasarlo por alto. Pero cuando nos ofendemos y nos enojamos, cambiamos. Si alguien entra a una habitación y nosotros nos ponemos tensos, se debe a que hemos dado demasiada importancia a lo que esa persona piensa de nosotros.

Lo que una persona diga de ti no define quién eres. Su opinión de ti no determina tu dignidad propia. Deja que eso te resbale como si fuera agua sobre el plumaje de un pato. Esa persona tiene todo el derecho a tener una opinión, y tú tienes todo el derecho a pasarla por alto.

He descubierto que algunas personas sienten que su llamado en la vida es señalar lo que otros hacen mal y lo que otros se están perdiendo. Constantemente son críticas, y siempre encuentran faltas.

No hay nada que les guste más que seguir ofendiendo a alguien, discutir y estar siempre a la defensiva.

Elévate por encima de eso. No tienes por qué estar de acuerdo con esas personas. No tienes por qué ganarte su aprobación. Déjalo pasar, y sé quien Dios te ha creado.

Incluso el gran líder Moisés tuvo que tratar con familiares que no aprobaban a la mujer que él había escogido como esposa porque era de una nacionalidad diferente. Ellos criticaron a Moisés públicamente, diciendo: "No estamos de acuerdo con eso. Nos negamos a aprobar este matrimonio". Pero en su interior, Moisés sabía que estaba tomando la decisión correcta. Él no discutió con ellos; no se ofendió ni los criticó. Él mantuvo su paz.

No tienes que responder a cada crítica. No tienes que demostrarle nada a nadie. Tan solo permanece por encima y permite que Dios pelee tus batallas por ti. "La batalla es del Señor [ ] [Él] yo pagaré" (1 Samuel 17:47; Romanos 12:19). Algunos que se cruzarán en tu camino sencillamente no quieren la paz contigo. A pesar de lo que digas o hagas, ellos no estarán conformes. Incluso si tú cambiases, ellos seguirían encontrando alguna razón para ser críticos. Tienes que aceptar el hecho de que a pesar de lo que hagas, algunas personas nunca estarán en paz contigo.

Cuando Jesús envió a sus discípulos a ciertas casas, les dijo que hablasen paz sobre cada persona en cada casa. Y dijo, en efecto: "Si ellos no la reciben, entonces la paz que les ofrecen regresará a ustedes" (ver Lucas 10:5-6).

Eso me dice que si haces todo lo posible por estar en paz con la gente, incluso si ellos no aceptan tu paz, la buena noticia es que esa paz regresará a ti de todos modos. No solo disfrutarás de su paz, sino que también se te dará la parte de la de ellos. Cuando haces lo correcto cuando sucede lo incorrecto, Dios lo ve y lo recompensa.

La oración de hoy

Padre, examina mi corazón y mi mente hoy. Ayúdame a soltar la ofensa de manera que pueda asirme de la paz. Dame sabiduría para saber cuando responder en amor y cuando refrenar mi lengua de manera que pueda honrarte en todo lo que hago. En el nombre de Jesús. Amén.

El pensamiento de hoy

No necesitas la aprobación de los demás para ser aprobado por Dios. Tu trabajo es ser quien Dios te creó, así que pasa por alto las ofensas y la contienda para que puedas vivir en paz y victoria todos los días de tu vida.

Fuerza bajo control

Lectura bíblica: Mateo 5

Dichosos los humildes, porque recibirán la tierra como herencia.

MATEO 5:5

Dos amigos entraron a la tienda de la esquina a comprar un periódico y el dependiente los trató con rudeza. Uno de los amigos, después de pagar, sonrió al dependiente y dijo:

—Espero que tenga hoy un día estupendo.

Cuando se iban, su amigo le dijo:

—¿Es ese dependiente siempre tan grosero?

—Todos los días —dijo el otro.

—¿Y tú eres siempre así de amable?

—Todos los días.

Perplejo, ese amigo le preguntó por qué.

—He tomado la decisión de no permitir que ninguna persona me arruine el día —fue la respuesta.

Él había decidido no entregar el control de su humor o su actitud a ninguna otra persona. Ese dependiente tenía derecho a ser grosero y maleducado, pero todas las personas a quienes trataba mal también tenían derecho a seguir siendo felices, agradables y amigables.

Cuando te encuentres con personas que están envenenadas por dentro, no dejes que eso se te pegue. Si desciendes al nivel de ellos y les respondes con frialdad y crudeza, habrás permitido que te contaminen. Levántate por sobre eso. Sé parte de la solución y no parte del problema. Vences el mal con el bien. Si alguien es grosero contigo, bendice a esa persona, sonríe y sigue adelante.

Jesús lo expresó de este modo: "Dichosos los humildes, porque recibirán la tierra como herencia" (Mateo 5:5). Cuando oímos la palabra *humilde*, muchas veces pensamos en alguien que es débil, tímido y reservado; tan solo una persona temerosa. La imagen es que las personas humildes no pueden defenderse a sí mismas y todos les pasan por encima. Eso no es humildad en absoluto. Humildad no es debilidad. Es fuerza bajo control.

La humildad es como un semental salvaje que ha sido domado. El caballo sigue siendo fuerte, sigue siendo potente, y tiene la misma velocidad que tenía antes de ser domado. La única diferencia es que ahora esa fuerza está bajo control. Puedes acercarte al caballo, acariciarlo, conducirlo, y probablemente montarle y guiarle. Pero no te engañes. Él tiene el mismo poder, la misma tenacidad; tan solo ha aprendido a controlarlo.

Cuando eres una persona humilde, no vas por ahí intentando enderezar a todo el mundo; no respondes a cada crítica. Puede que la gente hable de ti, pero tú no permites que eso te moleste.

Puede que tengas la capacidad de enderezar a tu crítico; puede que tengas ganas de transmitirle parte de lo que piensas. Puede que tus emociones te digan: *Tienes que intervenir. Dale lo que merece.* En cambio, escucha lo que el apóstol Pablo le dijo a su protegido Timoteo: "Sé prudente en todas las circunstancias" (2 Timoteo 4:5). En otras palabras, le estaba diciendo: "No renuncies a tu poder. Mantén tu fuerza bajo control".

La oración de hoy

Padre, gracias por la bendición de la humildad. Decido hoy ser una persona con dominio propio. Ayúdame a siempre ser parte de la solución a través de sembrar semillas de paz y amor. En el nombre de Jesús. Amén.

El pensamiento de hoy

Mantén tu fuerza bajo control. No se trata de lo orgulloso que seas, de a cuántas personas puedas enderezar, ni de demostrar nada. Si discutes con un crítico e intentas demostrar algo, lo único que haces es descender hasta su nivel. No caigas en esa trampa. Tú eres un águila, y puedes elevarte por encima de eso.

No renuncies a tu poder

Lectura bíblica: 3 Juan

Amado, yo deseo que tú seas prosperado en todas las cosas, y que tengas salud, así como prospera tu alma.

3 Juan 1:2, rv60

Justamente después de los ataques terroristas del 11 de septiembre, me invitaron a un canal de televisión local para ser entrevistado en un programa de noticias. Tenía que estar allí temprano el lunes en la mañana, alrededor de las 6:30. Yo ya estaba cansado tras nuestros servicios del domingo y los eventos del fin de semana. Era un día frío, lluvioso, y aún estaba oscuro. Yo no tenía ningunas ganas de estar en la televisión, pero ya me había comprometido, y por eso iba de camino.

Me habían dicho de antemano que me estacionase justamente delante de un lugar especial reservado para las personas que estarían en el programa. Así que cuando llegué, me situé allí. Pero cuando estacioné mi auto, una mujer guardia de seguridad corrió hacia mí como si yo acabase de cometer un grave delito. No fue en absoluto amigable; de hecho, fue muy grosera.

Me dijo: "Señor, ¿qué cree que está haciendo? No puede estacionarse aquí. Esto está reservado para nuestros invitados especiales".

Yo quería decirle: *Señora, no podrá encontrar a nadie más especial que yo.*

Tuve que morderme la lengua.

"Bien, señora, hoy salgo en el programa y me dijeron que podía estacionarme aquí", le expliqué.

Ella dijo: "Oh, no saben de lo que hablan. Yo dirijo este lugar. Tiene que estacionarse fuera de la puerta".

Yo regresé a mi auto. No pude encontrar lugar para estacionarme, y tuve que llegar hasta un pequeño barrio un poco alejado, y seguía lloviendo. Yo no tenía paraguas. Y mientras corría hasta el canal de televisión, con cada paso pensaba: *Esto no está bien. Tengo que hablarle a alguien de esa señora del estacionamiento. Debería ponerla en su lugar.*

Yo estaba a punto de renunciar a mi poder, pero entré en el edificio y me olvidé de todo eso.

Un par de horas después, tras el programa, salí y brillaba el sol. ¿Sabe que la misma guardia de seguridad se acercó y era una persona diferente?

Me dijo: "Oh, pastor Osteen, si hubiera sabido que era usted, le habría permitido estacionarse ahí".

Yo me alegré de haberme mordido la lengua. Ella siguió diciendo: "¿Cree que tendría tiempo para orar por mí?"

Yo quería decir: *Lo tendría si no tuviera que caminar tanto hasta mi auto.*

La oración de hoy

Padre, gracias por darme tu paz que sobrepasa todo entendimiento. Ayúdame a siempre extender esa paz y gracia a otros. Ábrete paso en mi corazón de modo que sea más como tú cada día. En el nombre de Jesús. Amén.

El pensamiento de hoy

Toma la decisión de que no aceptarás la basura de otras personas. Puede que ellas la descarguen, pero no tienes por qué aceptarla. Mantén tu tapa cerrada.

Disponte a hacer un cambio

Lectura bíblica: Deuteronomio 10

Así que cambia la actitud de tu corazón y deja de ser terco. Pues el Señor tu Dios es Dios de dioses y Señor de señores. Él es el gran Dios, poderoso e imponente, que no muestra parcialidad y no acepta sobornos.

DEUTERONOMIO 10:16–17, NTV

A veces culpamos a otras personas o a otras cosas de problemas que nosotros mismos hemos creado. No entendemos que nuestra negativa a cambiar causa el mismo problema una y otra vez. Escuché sobre un hombre que no se había estado sintiendo bien y fue a visitar a su doctor. El doctor le preguntó: "¿Qué le sucede?".

Él dijo: "Bueno, doctor, últimamente me he sentido mareado y veo puntos blancos". El doctor le examinó y le hizo varias pruebas. Algunos días después, llamó al hombre y le dijo: "Señor, no me gusta decirle esto, pero tiene usted una enfermedad rara, y creemos que sólo le quedan unos seis meses de vida".

El hombre dejó su trabajo y se propuso viajar por todo el mundo y hacer todas las cosas que siempre había esperado hacer. Pasó más tiempo con su familia, y se compró un auto deportivo. Un día iba conduciendo al lado de una famosa tienda de ropa y decidió entrar y comprarse un traje a medida.

Entró el sastre y midió la longitud de su brazo. "Treinta y tres pulgadas (ochenta y tres centímetros)". Entonces midió su cintura. "Treinta y dos pulgadas (ochenta y un centímetros)". Después su longitud de pierna. "Treinta y cuatro pulgadas (ochenta y seis centímetros)". Y finalmente el sastre midió su cuello y dijo: "Le haré una camisa con cuello de dieciséis y media pulgadas (talla 40)".

El hombre dijo: "No, uso camisas con cuello de quince pulgadas (talla 38)".

El sastre volvió a medirle el cuello con mucha atención.

Le dijo: "No, señor. Mire, usted usa camisa con cuello de dieciséis y media pulgadas (talla 40)".

El hombre se mantuvo muy inflexible, y le dijo al sastre: "No, señor. Yo uso camisas con cuello de quince pulgadas (talla 38). He usado esa talla durante toda mi vida de adulto, y quiero que me haga una camisa con cuello de quince pulgadas (talla 38)".

El sastre le dijo: "Muy bien. Le haré una camisa con cuello de quince pulgadas (talla 38) pero le quedará tan estrecha que le hará sentirse mareado y ver puntos blancos".

Con frecuencia, las personas se vuelven inflexibles en sus caminos y se niegan a cambiar aunque les duela. Si estás dispuesto a cambiar, si realizas ajustes, muchas veces verás que tus "puntos blancos" desaparecen. Verás que tus frustraciones quedan eliminadas.

Reconoce la verdadera fuente del problema. Si eres tú mismo, haz un cambio. Si es otra persona, no permitas que te robe su gozo. No renuncies a tu poder. Mantén tu tapa cerrada. Cuando alguien intente descargar su basura sobre ti, tan solo sonríe, saluda a esa persona y sigue adelante. Si aprendes este principio de no renunciar a tu poder y te enfocas en desarrollar tu carácter, disfrutarás mucho más de la vida.

La oración de hoy

Padre, vengo delante de ti con mi corazón abierto y humilde. Examíname y conóceme. Remueve cualquier cosa que no te agrade. Muéstrame tu amor y guíame por el camino eterno. En el nombre de Jesús. Amén.

El pensamiento de hoy

No importa lo que haya sucedido ayer, la semana pasada, el mes pasado o el año pasado; hoy es un nuevo día. En este momento, tienes el poder de hacer un cambio en tu vida. Las cosas quizá vayan mal a tu alrededor. La gente sea negativa, se queje o esté desanimada, pero no permitas que ese espíritu se te pegue. En lugar de ello, decide bendecir al Señor en todo tiempo. Que su alabanza esté de continuo en tu boca. Recuerda que la senda de los justos se asemeja a los primeros albores de la aurora: su esplendor va en aumento hasta que el día alcanza su plenitud.

Expresa la plenitud de gozo de Dios

Lectura bíblica: Salmos 16

Me mostrarás la senda de la vida; en tu presencia hay plenitud de gozo; delicias a tu diestra para siempre.

SALMOS 16:11, RV60

Los científicos dicen que los seres humanos estamos programados para reflejar la expresión facial de las personas que encontramos; por tanto, tu sonrisa es contagiosa. Establece el hábito de sonreír. La Escritura dice: "En tu presencia hay plenitud de gozo" (Salmos 16:11, RV60).

Cuando careces de gozo, estás desconectado de la presencia de Dios. Cuando estás triste, frustrado y resentido, te has aislado a ti mismo del favor, la bendición, la sanidad y la promoción. Tu línea de suministro de felicidad ha sido desconectada.

Tú tienes gozo en tu interior, pero a veces tienes que sacarlo más arriba, donde todos podamos verlo y compartirlo. Profesores de la Universidad de Yale realizaron un estudio sobre cómo el aspecto, la personalidad y la actitud afecta a los demás. Después de mucha investigación detallada, llegaron a la conclusión de que la fuerza más poderosa de influencia humana no es el aspecto, la actitud o la personalidad; en cambio, tu *sonrisa* es tu herramienta más poderosa para influenciar a otros de manera positiva.

Eso explica el dicho: "Si no sonríes, eres como una persona con un millón de dólares en el banco pero sin chequera". Hay estudios que han demostrado que las personas que sonríen frecuentemente son ascendidas más a menudo y terminan teniendo trabajos mejor remunerados. ¿A qué se debe eso? ¿No prefieres estar con quienes son felices, optimistas y amigables? Claro que sí, ¡todos lo queremos!

Yo soy conocido por sonreír mucho. Mi hermano Paul dice que nací con el termómetro de felicidad fijado en 98 (36,67 °C). El suyo estaba fijo en el 10 (-12,22 °C), pero está trabajando en ello. En mis primeras fotografías de bebé se me ve sonriendo. Mi mamá dice que por mucho tiempo se preguntó si yo estaría tramando algo, ¡pero finalmente decidió que así era mi naturaleza!

Hace años, estaba en el centro comercial con Victoria mi esposa, y ella había elegido un traje para comprarlo. Ella seguía comprando en la tienda, y yo me ofrecí para formarme en la fila de la caja. Cuando llegó mi turno, sonreí a la dependienta y la saludé, tan solo siendo amable.

La dependienta me devolvió la sonrisa. Estaba a punto de registrar la venta cuando se detuvo y dijo:

—Espere un momento. Enseguida regreso.

Fue a la oficina, y cuando regresó me dijo:

—Este traje va a estar rebajado este fin de semana, y tengo permiso para ponerle el precio de rebaja ahora mismo.

Yo sonreí aún más.

—Muchas gracias —le dije.

Cuando estaba doblando la ropa para meterla en la bolsa, observó que una pequeña parte de la costura interior estaba descosida.

—Parece que hay un problema. ¿Ha visto eso?

—Ah, sí, se ve realmente mal —dije yo.

—Voy a ver qué puedo hacer —dijo ella.

Fue a la oficina y regresó unos minutos después.

—Muy bien, puedo rebajarle el precio a la mitad de su precio ya rebajado.

Yo pensé: *Vaya, si sigo sonriendo, ¡puede que hasta me deban dinero!*

Después de aquello, Victoria dijo que yo debería ir de compras con ella con más frecuencia. Yo le dije que todo comenzó con una sonrisa. Si yo hubiera estado en el mostrador con cara de mal humor, no creo que la dependienta se hubiera molestado en ser amable conmigo.

La oración de hoy

Padre, te bendigo hoy. Gracias por darme la plenitud de tu gozo y fuerza. Deja que rebose en mí de modo que mi vida pueda ser una expresión de tu bondad dondequiera que vaya. En el nombre de Jesús. Amén.

El pensamiento de hoy

Cuando tienes el gozo de Dios, tienes su fuerza sobrenatural. No hay nada que pueda venir en tu contra cuando estás lleno de la fuerza y el gozo del Señor. Cada vez que te sientas agotado o abrumado por la vida, simplemente comienza a cantar una canción de alabanza a Él. Declara su bondad y su fidelidad. Acércate a Él y Él se acercara a ti. Te llenará de su gozo y fuerza para vivir en victoria todos los días de tu vida.

Florece allí donde estés plantado

Lectura bíblica: Salmos 37

*Por el Señor son ordenado los pasos del hombre, y el Señor se deleita
en su camino.*

SALMOS 37:23, NBLH

Hace algún tiempo iba caminando por el bosque y llegué a una
amplia zona abierta llena de malas hierbas grandes y altas. Hectáreas
y hectáreas, hasta donde me alcanzaba la vista, había esas malas hierbas muertas, secas, marrones y feas. Al atravesar el campo abierto, a
unas cien yardas (noventa metros) vi una hermosa flor. Era muy brillante, muy colorida y muy refrescante. Había florecido justamente
allí, en medio de millas y millas de feas y secas malas hierbas. Y yo
pensé: *Realmente, eso es lo que Dios quiere que hagamos. Que nos de-
sarrollemos donde estemos plantados.*

Puede que trabajes rodeado de un puñado de malas hierbas, pero
eso no tiene que evitar que tú te desarrolles. Puede que estés casado
con una mala hierba; pero la buena noticia es que aun así puedes
florecer.

Hay demasiadas personas que son negativas y están desalentadas
porque no les gusta el lugar donde están. No les gusta su cónyuge.
No les gusta su empleo. Es difícil llevarse bien con sus compañeros
de trabajo. No les gusta el lugar donde viven. No es ahí donde quieren estar.

Si las personas negativas tienen que quedarse hasta tarde trabajando, eso les amarga el día. Siempre están luchando contra algo;
siempre están intentando estar en algún otro lugar. Pero he aprendido que Dios está más interesado en cambiarme a mí que en cambiar mis circunstancias. Mientras yo esté amargado porque las cosas

no salen a mi manera, mientras esté desalentado porque estoy soltero y quiero estar casado, mientras esté molesto porque el negocio no está creciendo, esa actitud me mantendrá donde estoy.

Si quieres ver cambio, si quieres ver a Dios abrir nuevas puertas, la clave es florecer justamente allí donde estés plantado. No puedes esperar hasta que todo mejore antes de decidir tener una buena actitud. Tienes que ser lo mejor que puedas ser allí donde estás.

Pon una sonrisa en tu cara. Sé bueno con las personas aunque ellas no sean buenas contigo. Sé agradecido por el lugar donde vives aunque no sea donde quieres estar. Cuando floreces dónde estás plantado, estás sembrando una semilla para que Dios haga algo nuevo.

La Escritura dice: "Por el Señor son ordenados los pasos del hombre" (Salmos 37:23, LBLA). Eso significa que mientras estemos en fe, ahí es donde debemos estar.

Puede que digas: "Eso no es correcto. Estoy incómodo. No estoy en un buen lugar. Alguien no me trata bien".

Puede que sea difícil, pero Dios no permitirá que llegue un desafío a tu vida a menos que Él tenga un propósito divino para ello. He descubierto que nada nos sucede *a* nosotros; sucede *para* nosotros. Si mantenemos la actitud correcta, Dios lo utilizará siempre para nuestro bien.

¿Esa persona con la que es difícil llevarse bien? No te está sucediendo *a* ti, está sucediendo *para* ti. Dios la está usando para tu crecimiento. Estás desarrollando carácter; estás aprendiendo a ser bueno con personas que no son buenas contigo. Dios usa a personas difíciles como si fueran una lija, para limar las aristas que tenemos. La próxima vez que veas a esa persona, en lugar de sentirte molesto y estresado, tan solo pon una gran sonrisa y di: "Muchas gracias por todo lo que has hecho por mí".

Entonces quizá tengas que ayudarle a levantarse del piso.

La oración de hoy

Padre, hoy declaro que mi esperanza y mi confianza está en ti. Incluso cuando no entiendo mis circunstancias sé que estás disponiendo todas las cosas para mi bien. Ayúdame a florecer donde estoy plantado de modo que pueda vivir como un testimonio de tu fidelidad. En el nombre de Jesús. Amén.

El pensamiento de hoy

Si Dios eliminara algunos de los desafíos que hay en tu vida en este momento, no estarías listo para lo que Él tiene preparado. Cuando lleguen malos momentos a tu camino, en lugar de ser negativo y quejarte, ora pidiendo su dirección.

PARTE
II

Saber qué pasar por alto

Sí te quejas, te estancas

Lectura bíblica: Salmos 66

¡Aclamen alegres a Dios, habitantes de toda la tierra! Canten salmos a su glorioso nombre; ¡ríndanle gloriosas alabanzas! Díganle a Dios: «¡Cuán imponentes son tus obras! Es tan grande tu poder que tus enemigos mismos se rinden ante ti. Toda la tierra se postra en tu presencia, y te cantan salmos; cantan salmos a tu nombre.»

SALMOS 66:1-4

Es fácil enfocarse en lo que va mal en tu vida, en lo que no tienes, en lo grandes que son tus obstáculos; pero si no tienes cuidado, perderás de vista todas las cosas buenas que Dios ha hecho por ti. No des por hecho la familia, los amigos y las oportunidades con las que Él te ha bendecido. Si estás tan acelerado y tan estresado que no aprecias el regalo del presente, perderás tu gozo y tu capacidad de ser feliz cada día de la semana.

Todo se trata de mantener las cosas en perspectiva. Puede que los negocios vayan lentos, pero la perspectiva equivocada es pensar: *Nunca lo lograré*. La perspectiva correcta es pensar: *Dios está supliendo todas mis necesidades*.

Si estás atravesando un desengaño, la perspectiva equivocada es pensar: *Debería haber sabido que esto sucedería. Nunca conseguiré buenos avances*. La perspectiva correcta es creer que cuando una puerta se cierra, Dios abrirá otra.

Puedes situar a dos personas exactamente en las mismas circunstancias y una de ellas se quejará, será negativa y solo soportará la vida, mientras que la otra será feliz, agradecida y disfrutará de la vida. ¿Cuál es la diferencia? Sus perspectivas. El modo en que cada uno escoja ver la situación.

Todos tenemos cargas que pueden robar nuestro gozo y hacer que estemos amargados; pero si queremos vivir la vida felices, necesitamos el fundamento de un espíritu agradecido. Yo he aprendido que las semillas de desánimo no pueden echar raíces en un corazón agradecido. Si te sientes infeliz hoy y has perdido tu entusiasmo, la manera más rápida de cambiar esa situación es ser más agradecido. En lugar de ver lo que no tienes, da gracias a Dios por lo que sí tienes. En lugar de quejarte por lo que va mal, da gracias a Dios por lo que va bien.

He hablado con muchas personas que han pasado por decepciones. Han perdido su empleo, su matrimonio o su salud, y les resulta difícil ver cualquier motivo para estar agradecidos. Pero realmente es cuestión de perspectiva.

Escuché de un hombre que se quejaba de que no tenía un par de zapatos buenos hasta que conoció a un hombre que no tenía pies. Su perspectiva cambió en aquel momento.

Pensó: *¿Sabes qué? Quizá no me vaya tan mal.*

Lo cierto es que alguien en el mundo con alegría intercambiaría su lugar contigo. A alguien le encantaría poder respirar como tú. A alguien le encantaría poder caminar como tú. A alguien le encantaría vivir donde tú vives. ¿Has dado gracias a Dios últimamente por tu familia, tus amigos, tu salud y las oportunidades que Él te ha dado?

Si te estás quejando de dónde estás, no llegarás donde quieres estar. Si te estás quejando de lo que tienes, creo que Dios no te aumentará más.

Quejarte de tu viejo auto, tu pequeña casa o tu cónyuge no te llevará a ningún lugar. Recuerda esta frase: *Si te quejas, te estancas, pero si alabas serás elevado.*

Para mantener tu vida en perspectiva, prueba a hacer una lista de todas las cosas por las que estás agradecido. Escribe diez cosas con las que Dios te haya bendecido y pon la lista en el espejo de tu baño. Cada mañana, lee esa lista dos o tres veces, y haz lo mismo cada noche antes de irte a la cama.

Medita en las cosas buenas que Dios ha hecho. Escribe las veces en que Dios ha intervenido en el momento oportuno y ha abierto un camino donde no había camino. Escribe la ocasión en que Él te protegió de aquel accidente, cuando Él te tuvo en el lugar adecuado y fuiste ascendido, la ocasión en que el informe médico decía que no lo lograrías pero tu salud mejoró de repente. Escribe el hecho de que tengas hijos sanos, un tejado sobre tu cabeza y un cónyuge que te quiere.

La oración de hoy

Padre, hoy decido tener una actitud de gratitud. Decido dejar ir la queja y la comparación, y en lugar de ello decido enfocarme en mis bendiciones. Ayúdame a mantener la perspectiva correcta, para siempre ver hacia adelante de modo que pueda avanzar en la buena vida que me has preparado. En el nombre de Jesús. Amén.

El pensamiento de hoy

Cuando medites en la bondad de Dios, te ayudará a tener la perspectiva correcta, y también a liberar tu fe. Cuando tu fe es liberada, se activa el poder de Dios. Le verás intervenir y darte una cosa más que incluir en tu lista.

Da gracías en todo

Lectura bíblica: 1 Tesalonicenses 5

Dad gracias en todo, porque esta es la voluntad de Dios para con vosotros en Cristo Jesús.

1 TESALONICENSES 5:18, RV60

Un miembro de la congregación me dijo que su hermana, quien tiene una discapacidad neurológica, no podía hablar, ni caminar, ni alimentarse por sí misma. Necesitaba atención constante. Cuando era pequeña, él y otros familiares ayudaban a ocuparse de ella. Aprendieron a distinguir entre los gritos de su hermana, que era su única manera de comunicarse. Había un grito que indicaba hambre, un grito que indicaba que ella quería levantarse y un grito para cuando quería irse a la cama, y otro grito para cuando tenía sed.

El grito más difícil era el sonido que ella producía cuando algo le picaba. Como ella no podía decirles donde le picaba, ellos tenían que recorrer todo su cuerpo rascándole una y otra vez, intentando aliviar ese picor.

Vivir con su hermana discapacitada ayudó a ese hombre a apreciar las cosas sencillas de la vida que muchos de nosotros damos por hechas. Rascarnos no es un gran desafío, hasta que no podemos hacerlo. Entonces se convierte en un asunto muy importante. Es mucho que les digamos a nuestros brazos que trabajen y ellos trabajen. Es mucho que abramos nuestros ojos y, sin siquiera pensar en ello, veamos.

Cuando te levantes en la mañana y seas tentado a meditar en los problemas, en que no quieres ir a trabajar y en que la vida no ha sido justa contigo, ¿por qué no le das la vuelta a todo eso? En cambio, da gracias a Dios por poder rascarte cuando te pica. ¿Por qué no das gracias a Dios por no tener ningún problema para respirar? ¿Por qué no miras por la ventana y aprecias las cosas sencillas como la salida del sol, el canto de los pájaros o las flores?

A veces pensamos: *Mi vida es muy rutinaria; me levanto, voy a trabajar y regreso a casa. No sucede nada emocionante. Hago las mismas cosas una y otra vez.* Pero deberíamos estar agradecidos por la rutina de la vida cotidiana. No hay nada ordinario en levantarse e ir a trabajar. No hay nada ordinario en poder ver, tener amigos o tener familia. Todo eso son regalos de Dios.

Con mucha frecuencia no entendemos lo mucho que tenemos hasta que algo nos es arrebatado. Yo solía jugar al baloncesto con un joven llamado Matt hasta que él comenzó a tener un problema en sus ojos. Siempre había estado muy sano y muy activo, pero sus ojos no dejaban de molestarle, y fue a visitar al médico. Después de varias pruebas, le dijeron a Matt que tenía cáncer en el ojo. El doctor le dijo que había muchas probabilidades de que perdiera la visión.

Matt quedó deshecho. Fue para ser operado, y para sorpresa del doctor, descubrieron que Matt no tenía cáncer en el ojo. En cambio, descubrieron un hongo poco común detrás de su ojo que estaba afectando su vista. Lo eliminaron y salvaron su visión.

Cuando Matt se despertó de la operación y supo que su vista había quedado restaurada, dijo: "Este es el mejor día de mi vida".

Piénsalo. Él no ganó la lotería, ni se compró una casa nueva y más grande; tampoco recibió un ascenso. Sencillamente recibió la noticia de que su vista volvía a ser normal.

Después de que su vista quedase restaurada, Matt me dijo: "Cada día me levanto en la mañana y a propósito miro a mi alrededor. Miro fijamente a mis hijos y a mi esposa. Salgo al exterior y miro los árboles. Me inclino y recojo una bellota del suelo".

Debido a que Matt casi perdió su visión, poder ver con normalidad ha adoptado un significado totalmente nuevo para él. Él nunca volverá a dar por hecha su vista. Estará siempre agradecido por el regalo de la vista.

La oración de hoy

Padre, hoy y siempre te agradezco y te alabo. Decido bendecirte en todo tiempo y en todo. Ayúdame a nunca dar por sentados tus bendiciones y a reconocer los pequeños milagros a mi alrededor todos los días. En el nombre de Jesús. Amén.

El pensamiento de hoy

Tú y yo nunca deberíamos dar por hecho lo que Dios nos ha dado. Si puedes ver, si puedes oír, si puedes caminar, si tienes buena salud, familia, amigos y un buen trabajo, aprende a apreciar cada uno de esos regalos.

Dios te recompensará

Lectura bíblica: 1 Samuel 10

Pero algunos insolentes protestaron: «¿Y éste es el que nos va a salvar?» Y fue tanto su desprecio por Saúl, que ni le ofrecieron regalos. Saúl, por su parte, no les hizo caso.

1 SAMUEL 10:27

Hace muchos años, un hombre llamado Saúl fue escogido para ser el siguiente rey de Israel. El profeta Samuel le bendijo y le llamó delante del pueblo y dijo: "Él será nuestro siguiente rey".

La mayoría de los presentes estaban muy emocionados y felicitaron a Saúl. Pero cuando regresó a casa, muchos amigos de mucho tiempo le ridiculizaron.

"Saúl no es nuestro rey. No es un líder. No tiene lo que se necesita".

En realidad estaban celosos de Saúl. Se sentían muy inseguros, muy intimidados, y tenían que intentar derribar a Saúl para parecer ellos mismos más grandes.

Recuerda esta frase: "Cuando la gente te menosprecie, se están menospreciando ellos mismos". Las personas de mente estrecha no te celebrarán. Las personas de mente estrecha estarán celosas. Murmurarán para hacer que te veas mal.

Pero ellos no van donde Dios te está llevando. Amigo mío, eres llamado a ser un águila; eres llamado a planear, a hacer grandes cosas. Pero todos tenemos algunos cuervos que nos cacarean, algunos pollos que nos pican y algunos halcones que nos atacan. Intentan engañarnos para entrar en conflicto. No seas atraído a esas batallas.

Tú tienes ventaja. Tú eres un águila. Tú puedes volar a alturas a las que otras aves no pueden llegar.

A los cuervos les encanta molestar a las águilas. El águila es mucho mayor, pero el cuervo es más ágil, de modo que puede girarse y maniobrar con mayor rapidez. A veces, el cuervo se pondrá detrás del águila para bombardear en picado al gran pájaro. Pero el águila conoce este secreto: puede volar a altitudes en las que el cuervo no puede volar, tan alto como veinte mil pies.

Por tanto, en lugar de ocuparse del molesto cuervo y sus graznidos, el águila simplemente se eleva cada vez más alto y finalmente el cuervo se queda atrás.

Haz lo mismo cuando alguien te esté molestando por celos o resentimiento. Planea más alto. Deja atrás a esa persona.

Dios oye lo que dicen tus críticos, y si permaneces en fe, Él te compensará. Usa tu energía para mejorar tus capacidades, para ser lo mejor que puedas ser; y Dios pondrá a otros en tu camino que te celebrarán y te alentarán.

Saúl podría haber perdido fácilmente su enfoque y haber desperdiciado tiempo defendiéndose a él mismo. Muchos sentían desprecio por el nuevo rey: "Y fue tanto su desprecio por Saúl, que ni le ofrecieron regalos" (1 Samuel 10:27).

¿Qué hizo él?

Saúl los ignoró. El pasaje sigue: "Saúl, por su parte, no les hizo caso".

Sigue el sabio enfoque de Saúl. No hagas caso a las personas celosas y a quienes intentan derribarte. Ellas no controlan tu destino; Dios sí. Ellas son simplemente distracciones. Tan solo permanece enfocado y haz lo que Dios te ha llamado a hacer.

La oración de hoy

Padre, gracias por facultarme para levantarme más allá de las adversidades de la vida. No voy a ver a la izquierda o a la derecha. No me voy a enfocar en lo que otros digan, sino solamente en lo que tú digas porque tu Palabra es firme en los cielos. Confío en que tienes en mente lo que más me conviene y que compensarás la diferencia en cada área de mi vida. En el nombre de Jesús. Amén.

El pensamiento de hoy

Después de todo, cuando llegues al final de tu vida, no tendrás que rendir cuentas ante tus críticos. En cambio, estarás delante del Dios todopoderoso, el Creador del universo. Tendrás tu cabeza en alto y dirás: "Dios, hice lo mejor que pude. Corrí mi carrera. Terminé la prueba. Llegué a ser aquello para lo que tú me creaste". Eso es verdadera satisfacción. Es entonces cuando serás recompensado.

Sé lo mejor que puedas ser, deja que Dios haga el resto

Lectura bíblica: Nehemías 4

En el lugar donde oyereis el sonido de la trompeta, reuníos allí con nosotros; nuestro Dios peleará por nosotros.

NEHEMÍAS 4:20, RV60

Cuando era niño, yo no podía hacer nada malo a ojos de mi abuela. Una vez, cuando alguien se comió sus galletas de chocolate caseras antes de la cena, yo ni siquiera fui sospechoso. ¿Quién fue?

Ella dijo: "No mi querido Joel. Puede que haya sido una de sus hermanas, pero sé que Joel nunca haría eso". Mis tres hermanas se sintieron muy molestas, y dijeron: "La abuela piensa que Joel es un santo".

No puedo evitarlo. Yo tenía favor incluso entonces. Ese es el tipo de personas a las que Dios quiere traer a tu camino, personas que crean lo mejor de ti.

Adopta la siguiente actitud: *Yo tengo algo grande que ofrecer. Soy único. Tengo una personalidad estupenda. Mi aspecto es el correcto. Y no desperdiciaré el tiempo intentando hacer que las personas me quieran. Soltaré eso y confiaré en que Dios me traiga relaciones divinas, personas que me celebren tal como soy.*

Cuando Nehemías estaba reconstruyendo los muros de Jerusalén había dos hombres en el valle llamados Sambalat y Tobías. Ellos eran sus mayores críticos. Según Nehemías 4, todo el tiempo en que él estaba allí trabajando, ellos gritaban cosas como: "Nehemías, baja aquí y pelea con nosotros. Nunca terminarás ese muro. No tienes lo que se necesita".

Me encanta el hecho de que Nehemías estaba enfocado. Ellos

hacían mucho ruido, amenazándole, llamándole cosas, pero él reconoció que no había beneficio alguno en pelear con ellos.

Cuando Dios ponga un sueño en tu corazón, siempre estarán los Sambalat y Tobías intentando hacer que participes en peleas que no tienen importancia. Puede que digan cosas mezquinas detrás de tu espalda, e intentarán persuadirte para que pelees. Pero sé disciplinado. Reconoce cuándo es una batalla que vale la pena luchar.

Un reportero preguntó a Bill Cosby cuál era el secreto del éxito, y él dijo: "No conozco el secreto del éxito, pero sí conozco el secreto del fracaso, y es intentar agradar a todo el mundo". Tienes que aceptar que no todos te apoyarán. No les caerás bien a todos. No todos te entenderán. Eso está bien. Sé lo mejor que puedas ser, y Dios se ocupará de tus críticos.

No tienes tiempo de descender de ese muro. No tienes tiempo para convencer a tus críticos. No tienes tiempo para discutir. Tienes un destino que cumplir. Tienes una tarea que lograr. Aprende a pasar por alto a los Sambalat y los Tobías. Poco después, como Nehemías, terminarás tu muro y tus actos responderán a tus críticos.

La oración de hoy

Padre, gracias por llevarme en triunfo en todas las cosas. Hoy, decido permanecer enfocado en lo que me has llamado a hacer. Ayúdame a ignorar las distracciones y las batalles que no importan para que pueda avanzar en el buen camino que has preparado para mí. En el nombre de Jesús. Amén.

El pensamiento de hoy

Permanece enfocado en las principales metas que Dios haya puesto en tu corazón. Él hará cosas increíbles. Al igual que David, derrotarás a tus gigantes. Al igual que Nehemías, terminarás tus muros. Pasa por alto las distracciones, y lograrás tus metas con mucha más rapidez.

Escoge tus batallas sabiamente

Lectura bíblica: 1 Samuel 17

Apartándose de su hermano [Eliab]…

1 SAMUEL 17:30, *ÉNFASIS AÑADIDO*

Cuando David era un pastor, su padre le pidió que llevase comida a sus hermanos que estaban en el campo de batalla. Ellos tenían posiciones mucho muy prestigiosas como guerreros. David se quedó cuidando el rebaño de la familia. Cuando fue al campo de batalla para llevar a cabo su tarea, oyó a Goliat desafiando a su pueblo. David preguntó a los hombres que estaban allí: "¿Cuál es el premio para el hombre que derrote a este gigante?"

Ellos le respondieron: "El premio es el matrimonio con una de las hijas del rey y no pagar más impuestos".

David vio un gran valor en pelear esa batalla. Había un buen botín. Cuando el hermano mayor de David, Eliab, oyó a David hablar sobre pelear contra el gigante, trató de avergonzarle delante de los otros hombres.

Le preguntó: "David, ¿qué estás haciendo aquí? ¿Y qué has hecho con esas pocas ovejas con las que nuestro padre te dejó?".

Eliab intentó hacer que David se sintiera pequeño.

Me encanta el modo en que David respondió. La Escritura dice que David se dio la vuelta y se alejó de Eliab. David tenía sentimientos al igual que tú y yo los tenemos. Estoy seguro de que quiso decirle: "Ah, Eliab, crees que tú eres muy grande, pero no eres nada en absoluto".

Podría haber escogido emprenderla con su hermano, pero no mordió el anzuelo. Se enfocó en lo que era verdaderamente importante. Si David hubiera desperdiciado su tiempo y su energía con su hermano, ¿quién sabe si habría derrotado a Goliat?

Cuando estás enredado en muchas batallas, corres el riesgo de perder al Goliat que Dios puso en tu camino para ayudarte a cumplir tu destino divino.

Tiempo después, el rey David iba caminando por la calle y un joven comenzó a burlarse de él, a insultarlo, incluso le lanzaba piedras. Le seguía a todas partes, tan solo molestándolo, intentando comenzar una pelea, intentando hacerle enojar.

Finalmente, los amigos del rey David dijeron: "¿Quieres que le detengamos? ¿Quieres que le callemos? Ese tipo es un verdadero dolor".

Me encanta lo que el rey David respondió. Dijo: "No, dejen que siga hablando. Quizá Dios verá que estoy siendo ofendido y me bendecirá por ello".

Esa es la actitud que tú necesitas. Eso quita toda la presión. No tienes que vengarte. De hecho, tu atacante te ha hecho un favor porque Dios será quien te reivindique. Lo que esa persona quiso para tu mal será utilizado por Dios para ascenderte, y saldrán a tu camino bendiciones.

La oración de hoy

Padre, humildemente vengo a ti hoy. Dejo ir y renuncio a toda palabra negativa hablada sobre mí. Decido perdonar a otros y asirme de la paz. Ayúdame a escoger mis batallas con cuidado de modo que pueda caminar en la victoria que tienes para mí. En el nombre de Jesús. Amén.

El pensamiento de hoy

Tienes que preguntarte a ti mismo: *¿Vale la pena pelear las batallas en las que estoy? ¿Tienen alguna recompensa? ¿Me están haciendo avanzar hacia el destino que Dios me ha dado?* Si una batalla no se interpone entre tú y el destino que Dios te ha dado, sencillamente ignórala. Si alguien no quiere ser tu amigo o te trata con rudeza, eso no vale la pena una guerra.

Silencia la voz del acusador

Lectura bíblica: Romanos 8

Ahora, pues, ninguna condenación hay para los que están en Cristo Jesús, los que no andan conforme a la carne, sino conforme al Espíritu.

ROMANOS 8:1, RV60

Sam, que tenía nueve años de edad, estaba visitando la gran granja de sus abuelos, donde le encantaba caminar por los bosques con su tirachinas. Practicaba el lanzamiento de piedras a árboles, a botellas y a latas, pero no daba mucho en el blanco. Como ves, Sam seguía trabajando en su precisión.

Una noche, después de un día en los bosques, oyó la campana de la cena que le llamaba a regresar. Mientras Sam caminaba hacia la casa, divisó el pato favorito de su abuela que caminaba al lado del lago. Nunca soñó ni en un millón de años que podría acertarle al pato, pero solo por diversión tensó su tirachinas y dejó volar la piedra. Lo creas o no, la piedra golpeó al pato directamente en la cabeza. ¡El pato cayó muerto sin ni siquiera un último graznido!

Sam quedó sorprendido. ¡Nunca había acertado a nada a lo que le había apuntado! Se sentía terriblemente mal. Lleno de pánico, corrió hasta el pato muerto y lo llevó detrás del granero, donde lo enterró en el montón de leña. Sam se dirigía a la casa, aún sintiéndose mal, cuando vio a su hermana de doce años de edad, Julie, y comprendió que ella había observado toda la sórdida escena.

Aquella noche después de la cena, su abuela dijo: "Julie, me gustaría que te quedases a ayudarme a lavar los platos, si quieres".

Ella respondió: "Abuela, me encantaría, pero Sam dijo que quería lavar los platos esta noche".

Al pasar al lado de Sam, le susurró al oído: "Recuerda el pato". Atrapado, Sam lavó los platos aquella noche.

A la mañana siguiente, su abuelo invitó a Sam y a Julie a ir a pescar, pero su esposa tenía otros planes.

"Realmente necesito que Julie se quede y me ayude a hacer algunas tareas", dijo la abuela.

Julie contestó: "Abuela. Sam dijo que le gustaría quedarse contigo y ayudarte hoy".

Una vez más, su hermana pasó al lado de Sam y musitó: "Recuerda el pato". Sam hizo las tareas, y Julie fue a pescar.

Después de un par de días de duro trabajo, haciendo las tareas de Julie y las suyas propias, Sam se hartó.

"Abuela, lo siento mucho. No quería hacerlo, pero maté a tu pato".

Su amable abuela le dio un gran abrazo.

Le dijo: "Sammie, sé lo que sucedió. Yo estaba en la ventana y vi toda la escena. Vi lo sorprendido que estabas, y ya te he perdonado. Tan solo he estado esperando a ver cuánto tiempo permitirías que Julie te convirtiera en su esclavo".

La abuela de Sam no estaba sola en aquella ventana. Dios estaba a su lado. Él ve cada uno de tus errores, de tus fracasos y de tus debilidades. La buena noticia es que Él también te ha perdonado. No tiene nada contra ti. Tan solo está esperando a ver cuánto tiempo permitirás que el acusador te convierta en su esclavo.

La Escritura dice: "Ahora, pues, ninguna condenación hay para los que están en Cristo Jesús, los que no andan conforme a la carne, sino *conforme al Espíritu*" (Romanos 8:1, RV60, énfasis añadido).

Esas tres últimas palabras son la clave. Cuando cometes errores, si estás en la carne, te flagelas a ti mismo, te sientes culpable e indigno, y vives deprimido y derrotado. Pero escoger esa respuesta te dejará en un callejón sin salida.

En cambio, acepta al Espíritu y di: "Sí, cometí errores; fue culpa mía. Pero sé que en cuanto pida perdón, Dios me perdonará y olvidará mis errores de modo que pueda seguir adelante".

La oración de hoy

Padre, gracias por liberarme de toda la culpa y la condenación. Abro la puerta de mi corazón para recibir tu perdón y extenderlo a otros. Gracias por sanarme y facultarme para avanzar en victoria total. En el nombre de Jesús. Amén.

El pensamiento de hoy

Dios ve cada uno de tus errores, de tus fracasos y de tus debilidades. La buena noticia es que Él también te ha perdonado.

Pide a Dios misericordia

Lectura bíblica: Génesis 32

Luego el hombre le dijo:
—¡Déjame ir, pues ya amanece!
—No te dejaré ir a menos que me bendigas—le dijo Jacob.

GÉNESIS 32:26, NTV

Alguien que espera misericordia dice: "Dios, creo que tú me bendecirás a pesar de estos errores".

Eso es lo que hizo Jacob. Había vivido su vida siendo un engañador y haciendo mal a las personas, pero se cansó de vivir de ese modo. Un día decidió que quería arreglar las cosas, y se fue a un arroyo para poder estar a solas.

Génesis 32 habla de cómo el ángel del Señor se le apareció en forma de hombre. Jacob y el ángel comenzaron a pelear, y la pelea duró toda la noche. Jacob le dijo al ángel: "Sé quién eres, y no te dejaré hasta que me bendigas".

Cuando el ángel vio lo decidido que Jacob estaba y que no iba a tirar la toalla, le dio la bendición de Dios. Jacob salió de allí siendo una persona diferente. Dios incluso cambió su nombre de Jacob a Israel, que significa "príncipe de Dios".

¿Pero puedes imaginar el valor de Jacob? ¿No sabes que aquello necesitó una increíble valentía? Hasta ahí, él había vivido prácticamente toda su vida tomando malas decisiones, engañando y mintiendo. Debería haberse sentido abrumado de culpabilidad y condenación, derrotado. De algún modo, tuvo la confianza no solo de pedir perdón sino también de decir: "Dios, creo que tú me bendecirás a pesar del modo en que he vivido".

Sin duda, Dios dijo: "Jacob, ¿de qué estás hablando? ¿Estás loco?

Tú no mereces ser bendecido, ni siquiera perdonado. No voy a bendecirte".

No, Dios dijo, en efecto: "Jacob, me encanta el hecho de que sepas quién eres: mi hijo, redimido, perdonado, hecho digno. No solo has pedido ser perdonado, sino que también has pedido mi misericordia. Y Jacob, si eres lo bastante valiente para pedirla, yo soy lo bastante valiente para otorgarla".

Ese tipo de fe capta la atención de Dios, no cuando nos arrastramos sintiéndonos culpables, condenados y mal por dentro. No, es momento de que nos levantemos y vayamos a nuestro Padre. Dios no es quien te condena. Quien lo hace es el acusador. Deja de permanecer en esos pensamientos.

Puede que hayas fallado, pero la misericordia de Dios nunca falla. Lo triste es que la mayoría de personas aceptan la condenación con más rapidez de la que aceptan la misericordia de Dios. No dejes que eso te suceda a ti. Sacúdete la culpabilidad. Sacúdete los errores negativos del pasado. No pases un minuto más con lamentos, sintiéndote mal contigo mismo.

En el momento en que pediste perdón, Dios te perdonó. Ahora haz tu parte y descarga el equipaje. Deja la culpabilidad ahí donde estás; no la lleves contigo. Deja la bolsa de fracasos. Deja atrás la bolsa de la condenación.

La oración de hoy

Padre, hoy vengo con confianza delante de tu trono de gracia pidiendo misericordia. Tu Palabra dice que no haces acepción de personas y si lo hiciste por Jacob, lo harás por mí. Recibo perdón, recibo tu amor y recibo cada bendición que tienes preparada para mí. En el nombre de Jesús. Amén.

El pensamiento de hoy

Si aprendes a silenciar la voz del acusador, la culpabilidad y la condenación no podrán agotarte. Vivirás una vida de libertad, elevándote más arriba, venciendo obstáculos, ¡y logrando sueños!

Eres creado a imagen de Dios

Lectura bíblica: Hechos 10

Ahora comprendo que en realidad para Dios no hay favoritismos, sino que en toda nación él ve con agrado a los que le temen y actúan con justicia.

HECHOS 10:34–35

Mi madre tuvo polio cuando era niña, y llevaba aparatos en las piernas. En la actualidad, una de sus piernas es mucho más corta que la otra. Cuando se compra zapatos tiene que comprarse dos pares porque sus pies tienen tamaños distintos. Pero una cosa que siempre me ha gustado de mi madre es que ella nunca permite que sus "diferencias" eviten que siga adelante.

Ella podía hacerse amedrentado, haber intentado ocultar sus diferencias y haberse sentido insegura, pero, en cambio, tiene una mentalidad "sin excusas". Sabe que ha sido creada a imagen del Dios todopoderoso. Cuando era pequeña se ponía pantalones cortos y vestidos, sin intentar nunca ocultar sus piernas. Aún en la actualidad sigue poniéndose vestidos.

Mi madre tiene setenta y siete años de edad, ¡y aún sigue enseñando sus piernas! No permitas que te engañe, ¡a ella le encanta!

Los efectos de su polio nunca evitaron que ella trabajase en el jardín y en la casa, o que quisiese ayudar a otros. Ella podría haber pensado: *No puedo orar para que otros se sanen. Mis piernas no están bien;* pero no permitió que sus propios problemas de salud evitasen que ella orase por otros que tenían necesidad de sanidad.

No tienes que ser perfecto para que Dios te use. Toma la mano que te han tendido y aprovéchala al máximo. Cree que Dios puede dar la vuelta a las situaciones. Cree que Él producirá sanidad. Incluso si eso no sucede, puedes seguir honrando a Dios siendo lo mejor que puedas ser allí donde estás.

Mi hermana Lisa nació con síntomas parecidos a la parálisis cerebral. Los doctores les dijeron a mis padres que ella nunca podría caminar, y nunca podría alimentarse por ella misma. Dijeron: "Bien podrían prepararse para ocuparse de una niña minusválida". Desde luego, mis padres quedaron devastados. Oraron; creyeron; permanecieron en fe, y poco a poco, Lisa fue mejorando cada vez más. En la actualidad, ella es perfectamente normal. Forma parte de nuestra plantilla, y con frecuencia ministra para nosotros.

La oración de hoy

Padre, gracias por amarme y hacerme a tu imagen. Ayúdame a verme como la obra maestra que creaste, así como a usar mis dones y talentos para traer tu gloria a todo lo que hago. En el nombre de Jesús. Amén.

El pensamiento de hoy

Donde está el Espíritu del Señor, allí hay libertad, ¡y la libertad de Dios es gratuita para todos! Dios quiere derramar su abundante bendición en todos los que lo honran y hacen lo correcto. Eso significa que Dios no te juzga con base en condiciones físicas. Él ve tu corazón. Él ve los dones que ha colocado dentro de ti. Enfócate en honrarlo y hacer lo correcto, y verás su mano de bendición en cada área de tu vida.

Una vida sin excusas

Lectura bíblica: Jeremías 20

Sin embargo, si digo que nunca mencionaré al Señor o que nunca más hablaré en su nombre, su palabra arde en mi corazón como fuego. ¡Es como fuego en mis huesos! ¡Estoy agotado tratando de contenerla! ¡No puedo hacerlo!

JEREMÍAS 20:9, NTV

Si sientes que estás desaventajado o incapacitado, en lugar de decir: "No es justo, Dios", tu actitud debería ser: *Dios, estoy listo. Sé que tú tienes algo grande preparado. Me niego a vivir derrotado y deprimido. Sé que esta desventaja es simplemente otra oportunidad para que tú te muestres e intervengas.*

Eso es exactamente lo que hizo Tony Meléndez. Él nació sin brazos. Cuando era niño, tenía el deseo de tocar la guitarra. Algo en su interior le decía: *Debes cantar y escribir música.* Tony podría haber dicho: "Qué mala suerte. Me encantaría tocar la guitarra, pero no tengo brazos". En cambio, su actitud fue: *Puede que no tenga brazos, pero sí tengo pies. Puede que no tenga dedos de las manos, pero sí tengo diez dedos en los pies.*

Tony aprendió a tocar la guitarra con sus pies. Sabe tocar mejor con sus pies que la mayoría de personas pueden tocar con sus manos.

Cuando Dios pone un sueño en tu corazón, Él pone una promesa en el interior, Él deposita en ti todo lo que necesitas para lograr ese sueño. Dios no le habría dado a Tony el deseo sin haberle dado la capacidad. Sencillamente no era la manera "normal". Tony tuvo que ser lo bastante valiente para decir: "Voy a vivir una vida sin excusas. Sí, puede que esto parezca una desventaja. Sí, en lo natural puede que tenga una desventaja, pero sé que con Dios no hay desventajas. Sé que cuando Dios me creó no estaba teniendo un mal día. Él me creó con un propósito, con un destino que cumplir, y haré lo mejor para darle honra a Él".

Tony tiene una actitud de "puedo hacerlo". Otras personas se quedan en lo que no pueden hacer o lo que no tienen, pero esas "desventajas" son realmente ventajas a la espera de cobrar vida.

Actualmente, Tony tiene un favor sin precedente. Ha viajado a más de cuarenta países, cantando y compartiendo su historia de fe. Dios le está utilizando para hacer grandes cosas.

La mayoría de personas nunca tienen que tratar nada tan desafiante como el caso de Tony, al que le faltan miembros. Sin embargo, con frecuencia permiten que problemas comunes como el divorcio, la pérdida del empleo o desafíos económicos les abrumen. Necesitan adoptar la mentalidad sin excusas de Tony, seguir adelante y darle tiempo a Dios para convertir sus desventajas en ventajas.

La oración de hoy

Padre, dijiste en tu Palabra que soy una obra grande y maravillosa. Ayúdame a ver más allá de lo que veo en mí como desventajas. Ayúdame a vivir una vida "sin excusas" y a usar lo que me has dado para glorificarte y ser una bendición a otros. En el nombre de Jesús. Amén.

El pensamiento de hoy

Dios nunca te va a pedir que hagas algo sin poner su unción y su habilidad dentro tuyo. En la Escritura, Dios le dio una promesa a Jeremías de que sería un profeta y que le hablaría a naciones. Jeremías sintió temor, tuvo obstáculos y batalló con sus propios temores y aprensiones, pero dentro tenía una promesa.

Dios convertirá tus desventajas en ventajas

Lectura bíblica: Lucas 19

—Hoy ha llegado la salvación a esta casa —le dijo Jesús—, ya que éste también es hijo de Abraham. Porque el Hijo del hombre vino a buscar y a salvar lo que se había perdido.

LUCAS 19:9–10

Lucas 19:1-10 relata la historia de un hombre llamado Zaqueo. Él tenía una desventaja: era demasiado bajo de estatura. Sin duda, en la escuela los otros niños se burlarían de él, llamándole "bajito" o "cacahuate". Puedo imaginar que él quería ser como todos los demás. Pero entiende que Dios nos hace como somos con un propósito.

Un día, Zaqueo oyó que Jesús iba a pasar por su ciudad. Todas las personas estaban en las calles intentando verle cuando pasase. Zaqueo no tenía opciones. Estaba en la parte trasera y no podía ver nada. Podría haberse rendido fácilmente y haber sentido lástima de sí mismo. En cambio, se subió a un árbol y tuvo una vista estupenda, quizá la mejor. Su desventaja se convirtió en una ventaja.

Cuando Jesús pasó por la calle, miró por encima de la multitud y vio a Zaqueo en el árbol. Jesús llamó a Zaqueo y le pidió cenar en su casa.

Si Zaqueo hubiera tenido una altura "normal", no se habría subido al árbol y captado la atención de Jesús entre la multitud. Pero debido a su "incapacidad", ¡Zaqueo subió más alto y cosechó una de las recompensas más elevadas posibles!

Adopta una perspectiva más elevada, como hizo Zaqueo. Mira tu supuesta desventaja y considera que puede que sea una ventaja. Yo entiendo ahora que mi personalidad retraída, afable y calmada es una ventaja. Para mí, actuar como otra persona no funcionaría. He aceptado quién soy, y también lo ha hecho nuestra congregación.

La oración de hoy

Padre, gracias por diseñar todo lo que soy de manera única. Gracias por crearme a propósito y con un propósito. Hoy, te dedico cada área de mi vida sabiendo que tomarás lo que parece una desventaja y lo dispondrás para mi bien. En el nombre de Jesús. Amén.

El pensamiento de hoy

Todos tenemos características que podrían considerarse desventajas; cosas que parecen hacernos la vida más difícil. Pero lo que piensas que es una desventaja, Dios lo convertirá en una ventaja para que puedas avanzar hacia la vida abundante que Él tiene para ti.

Tú puedes reír último

Lectura bíblica: Romanos 12

Queridos amigos, nunca tomen venganza. Dejen que se encargue la justa ira de Dios. Pues dicen las Escrituras: "Yo tomaré venganza; yo les pagaré lo que se merecen", dice el Señor.

ROMANOS 12:19, NTV

Hace muchos años mi padre, John Osteen, recibió una carta de otro ministro que fue muy mezquino, crítico y dañino; acusó a mi padre de cosas que eran totalmente falsas. Mi padre quedó muy herido y un poco enojado, y escribió a su atacante la carta más mezquina y fea que pudo pensar. Destrozó a su crítico.

Entonces metió la carta en un sobre y lo selló, caminó hasta el final de la calle y la echó al buzón de correos.

Cuando mi padre regresaba a la casa, una voz interior dijo: *Ajustaste cuentas, ¿verdad?*

—Sí, ajusté cuentas —respondió papá.

Te sientes mejor ahora, ¿verdad?

—Sí, me siento mejor.

Se la devolviste, ¿no?

—Sí, se la devolví.

Entonces la voz dijo: *Lo hiciste. Le devolviste mal por mal.*

Mi padre tragó saliva; pudo sentir esa convicción. Él sabía que Dios le estaba hablando, y entendió que había respondido de la manera equivocada.

Papá regresó al buzón de correos, sacó la carta y la hizo pedazos. Nunca la envió; nunca le dijo una palabra más al respecto al hombre. Escogió permitir que Dios fuese su vindicador. Escogió permitir que Dios arreglase las cosas.

Dieciséis años después, mi padre recibió una llamada telefónica del hombre que le había atacado. Estaba llorando, y le dijo: "Pastor Osteen, aquella carta que le envié fue muy equivocada. Me siento muy mal. ¿Puede usted perdonarme?".

Dios sabe cómo traer justicia a tu vida. Puede que no suceda de la noche a la mañana, pero sucederá.

Todos pasamos por situaciones en las cuales somos tratados injustamente. Quizá alguien esté chismeando sobre ti o metiéndose contigo, intentando que te veas mal en la escuela o en el trabajo. La respuesta natural es defenderte a ti mismo o devolver el golpe. La naturaleza humana quiere obtener venganza. Nos gusta ajustar cuentas. Pero el Señor dice: "Mía es la venganza" (Deuteronomio 32:35, RV60). Eso significa que Dios enmendará tus errores. Dios quiere compensarte por cada injusticia. Él es un Dios de justicia.

Lo fundamental es lo siguiente: Dios quiere que tú te rías el último.

Si te encargas tú mismo de las cosas, Dios se retirará y dirá: "Adelante. No necesitas mi ayuda". Pero si aprendes a permanecer en el camino elevado, a controlar tus emociones y permitir que Dios sea tu vengador, Él intervendrá y dirá: "Muy bien. Vamos a trabajar".

La oración de hoy

Padre, gracias por ser mi Vengador. En este momento dejo ir mi deseo de vengarme de los que me han lastimado. Dejo ir cualquier ofensa, enojo o amargura y decido perdonar. Lléname de tu paz a medida que rindo todo en tus manos amorosas y capaces. En el nombre de Jesús. Amén.

El pensamiento de hoy

Tú puedes vengarte tú mismo o permitirle a Dios ser tu vengador, pero no puedes seguir ambas opciones. Si tomas el asunto en tus propias manos, entonces Dios va a hacerse a un lado y a decir: "Adelante, hazlo a tu manera. Parece ser que no necesitas mi ayuda". Pero si decides mantenerte en el camino elevado y decir: "No; yo voy a dejar que Dios sea mi vengador y confiaré en Dios para que haga justicia en mi vida", estás dejando el camino libre para que Dios se mueva poderosamente a tu favor.

Dios sabe cómo vengarte

Lectura bíblica: Proverbios 16

Cuando el Señor aprueba la conducta de un hombre, hasta con sus enemigos lo reconcilia.

PROVERBIOS 16:7

No tomes el asunto en tus propias manos. Si permites que Dios sea tu vengador, Él producirá justicia y te ascenderá delante de aquellos que intentan hacer que te veas mal.

Conocí a un hombre en el vestíbulo de nuestra iglesia que dijo: "Yo era su mayor crítico. Siempre estaba hablando de usted, escribiendo contra usted. Y asistí a uno de sus servicios para encontrar algo más que criticar, pero me gustó tanto que regresé a la semana siguiente. Ya han pasado seis meses, y aún no me he perdido ni un solo servicio. Ahora soy quien más le apoya". Entonces me dio un apretón de manos.

Dios hará que tus enemigos también te den un apretón de manos. Puede que tengas personas con las que estés en desacuerdo. Puede que tengas un compañero de trabajo o un familiar que guarda rencor contra ti. Quizá hayas hecho todo lo posible para ser amable y respetuoso, y actuar hacia ellos del modo contrario al que ellos te han demostrado. Quizá cuanto más amable seas, más odiosos son ellos.

Te resultaría fácil estar amargado contra ellos, pero no te hundas hasta su nivel. Sigue haciendo lo correcto. Dios es un Dios de justicia, y sabe cómo cambiar los corazones de las personas. Puede que tome una semana, o puede que tome un año o veinticinco años. Pero Dios promete que un día aquellos que te hicieron daño te darán un apretón de manos.

La oración de hoy

Padre, vengo delante de ti humildemente dándote todo lo que soy. Gracias por llenarme con tu amor. Gracias por hacer que mis enemigos estén en paz conmigo a medida que vivo una vida que te agrade.

El pensamiento de hoy

Dios quiere que vivas en paz. Él no quiere verte preocupado y frustrado, esforzándote por pelear tus batallas con tu propia fuerza. Él quiere pelear tus batallas por ti. Quiere ser el héroe de tu historia.

Dios te multiplicará sobremanera

Lectura bíblica: Génesis 17

Así confirmaré mi pacto contigo, y multiplicaré tu descendencia en gran manera.

GÉNESIS 17:2

Un amigo mío, Larry, está en el negocio de los bienes raíces. Trabaja duro, y siempre ha dado a su trabajo el cien por ciento y ha mantenido una estupenda actitud. Sin embargo, el dueño de la empresa donde comenzó, Charles, le trataba mal. Se negaba a escuchar ninguna de las sugerencias de mi amigo, y le ponía las cosas difíciles. Larry siguió haciendo lo mejor que sabía, pero inevitablemente el dueño le despidió.

Para mérito de él, Larry no se amargó; en cambio, comenzó su propia empresa de bienes raíces y llegó a ser muy exitoso. Olvidó todo sobre Charles, pero Dios es un Dios de justicia, y nunca olvida lo que te deben. Puede que tú lo dejes pasar, pero Dios no lo deja pasar. Él se asegura de que obtengas todo lo que mereces.

Varios años después, Charles tuvo que reducir su negocio; necesitaba un nuevo edificio, y Larry era el dueño del que encontró. El anterior jefe casi se desmayó cuando entró y se dio cuenta de que estaba a punto de rentar un edificio cuyo dueño era el hombre al que él había despedido.

Puedes creer que esa vez Charles escuchó todo lo que Larry tenía que decir. Trató a su anterior empleado con respeto y honor; escuchó con atención y valoró su opinión. En la actualidad, Charles paga una renta, una renta muy alta, a Larry. Eso es Dios haciendo que tus enemigos te den un apretón de manos. Es Dios haciendo que tú rías el último.

Dios quiere ascenderte delante de tus oponentes. Parte de su justicia es reivindicarte, de modo que quienes dijeron que fracasarías te vean teniendo éxito y logrando tus sueños.

Un ministro al que conozco pasó más de cincuenta años viajando por el mundo y haciendo el bien. Era querido dondequiera que iba, pero el periódico de su ciudad natal siempre encontraba algo equivocado en su iglesia. Él podía hacer cien cosas bien, y ellos no informaban de eso. Encontraban una sola cosa que él hacía mal y le daban mucha importancia. Eso sucedió año tras año.

Mi amigo ministro tenía una interesante perspectiva. Él dijo: "Si no hubiera sido por ese periódico, yo no habría logrado tanto. Ellos no solo me mantuvieron de rodillas, sino que también me dieron energía para demostrar que no tenían razón. Su espíritu crítico, esa injusticia, me situó en una posición para recibir el favor de Dios de manera más grande".

Él construyó una gran universidad en esa ciudad. Miles de jóvenes han asistido a ella. Parecía el lugar menos probable para que él fuese bendecido, el lugar menos probable para que él alcanzase sus sueños. Pero Dios dice: "Es ahí donde yo preparo la mesa. Es ahí donde quiero aumentarte. Es ahí donde quiero mostrarte favor inusual".

La oración de hoy

Padre, gracias por tu fidelidad en mi vida. Gracias por disponer ante mí un banquete en presencia de mis enemigos. ¡Por fe, recibo tu promesa de bendecir y multiplicarme mientras me conduces en victoria todos los días de mi vida! En el nombre de Jesús. Amén.

El pensamiento de hoy

Dios está en el negocio de la multiplicación. No importa cuál sea su necesidad hoy, Dios quiere incrementarlo. Dios puede hacerlo parecer mayor de lo que realmente es. Puede hacerlo ver más poderoso. Sabe cómo multiplicar su influencia, su fuerza y su talento.

Dios quiere bendecirte allí donde estés

Lectura bíblica: Romanos 4

Contra toda esperanza, Abraham creyó y esperó, y de este modo llegó a ser padre de muchas naciones, tal como se le había dicho.

ROMANOS 4:18

Según Génesis 26:1, hubo una vez una gran hambruna en la tierra de Israel. Durante muchos meses hubo una sequía que convirtió la región en un desierto. Un joven llamado Isaac estaba a punto de hacer las maletas y mudarse a otro lugar, pero Dios dijo: "No, Isaac. No quiero que te vayas ahí. Te estoy bendiciendo donde estás".

Isaac obedeció el mandato de Dios y plantó sus campos. A los filisteos que vivían allí no les caía bien Isaac y estaban ya celosos de él. Eso añadió leña a su fuego y al ridículo que hacían de él. Pero Isaac, cuyo nombre significa "risa", sencillamente permaneció en paz.

Varios meses después, todos aquellos que se habían burlado de Isaac y le habían criticado quedaron sorprendidos al ver sus campos. No podían creerlo.

La Escritura dice que Isaac "ese año cosechó al ciento por uno" (Génesis 26:12) más de lo que había plantado allí en medio de la hambruna.

Los críticos de Isaac quedaron perplejos, pero él sabía que Dios había preparado la mesa y le había bendecido.

En cierto punto, puede que seas tentado a huir de una mala situación, pero quiero que tengas una nueva perspectiva. No tienes que irte a fin de ser bendecido. Dios quiere bendecirte allí donde estés.

Parte de la reivindicación de Él es ascenderte de modo que tu oposición pueda verlo. Tu actitud debería ser: *Puede que ahora se rían, pero sé que este desafío está preparando el camino para que*

Dios me ascienda. Ellos querían derribarme, ¡pero Dios lo usará para hacerme avanzar!

Puede que estés tratando con críticos, pesimistas, murmuradores, traidores, quienes están celosos y quienes dicen que nunca lo lograrás. Permíteme asegurarte que Dios les dará una clara perspectiva de tu mesa. Él se asegurará de que ellos te vean ascendido, honrado y satisfecho.

Permite que Dios sea tu vengador. Deja que Dios enmiende tus ofensas. Si le permites que Él se vengue, siempre será mejor para ti. Él incluso hará que tus enemigos terminen dándote un apretón de manos. Puede que ahora se rían, pero has de saber lo siguiente: Dios es fiel. Al final, tú reirás el último. Él traerá justicia a tu vida.

La oración de hoy

Padre, gracias por tu promesa de bendecirme justo donde estoy. Creo que me multiplicarás incluso en medio de la hambruna. Aunque caigan miles a mi alrededor, tú me preservarás. Recibo tu paz y descanso hoy sabiendo que me estás dirigiendo a medida que te someto mis caminos. En el nombre de Jesús. Amén.

El pensamiento de hoy

No te enfoques en las circunstancias imposibles, ¡enfócate en el Dios que hace posible lo imposible! Sigue mirando a través de tus ojos de fe, porque Él tiene bendición y victoria preparadas para ti.

PARTE III

Vivir sin apoyos

El regalo del adiós

Lectura bíblica: Proverbios 22

¿Has visto a alguien diligente en su trabajo? Se codeará con reyes, y nunca será un Don Nadie.

PROVERBIOS 22:29

Cuando regresé de la universidad para comenzar el ministerio televisivo de Lakewood, tenía diecinueve años de edad. Yo no sabía mucho sobre producción de televisión, así que contratamos a un productor experimentado de California. Él tenía unos sesenta años, y había producido deportes de las ligas mayores y programas matutinos de las televisoras nacionales en una larga carrera.

Él era experimentado, talentoso y tenía una personalidad estupenda. Era divertido estar cerca de él. Nos llevamos bien desde el principio. Yo llegaba temprano, me quedaba hasta tarde, iba a cenar con él y estábamos juntos. Yo observaba con mucha atención cómo él montaba programas y cómo escogía ciertos planos de cámara.

Estaba aprendiendo mucho de él. Yo solía pensar: *Nunca podré hacer lo que él hace. Él es muy creativo, sabe escribir, sabe dirigir. Yo no tengo tanto talento.*

El veterano productor había sido mi mentor aproximadamente un año cuando un día llegó y anunció que al mes siguiente se iría.

Yo dije: "De ninguna manera. No puede dejarme con este trabajo. No sé qué hacer".

Él me aseguró que me iría bien.

Me dijo: "Me has observado durante un año, y yo también te he observado a ti. Ahora puedes ocuparte tú solo del trabajo".

Yo no estaba convencido. Le rogué que se quedase, le ofrecí un aumento de sueldo y más tiempo libre, pero él insistió en que era momento de pasar a otra cosa.

El primer par de semanas después de su partida yo estaba muy nervioso. No sabía lo que estaba haciendo, y le llamaba cada hora haciéndole preguntas. Pero un mes después comencé a sentirme más cómodo. Seis meses después pensé: *Se me da bastante bien esto.* Un año después dije: "¿Para qué le necesitaba a *él?*"

Ahora entiendo que mi mentor me hizo un favor al irse, pues me obligó a estirarme y utilizar los talentos que Dios me ha dado. Si él no se hubiera ido, yo nunca habría pasado a mi destino divino.

Asimismo tu destino no está vinculado al de tu mentor. Su marcha te lanzará hacia adelante. No es un paso atrás, es un paso hacia arriba. Cuando alguien se aleja, no es un accidente. Dios abrirá nuevas puertas, y descubrirás mayor fortaleza y nuevos talentos. Puede que Dios se esté preparando para traer a alguien incluso *mejor* para el futuro.

La oración de hoy

Padre, gracias por las personas que has puesto en mi vida para afilarme como el hierro se afila con hierro. Gracias por incrementar mi habilidad, mis talentos y mi influencia. Ayúdame a discernir los tiempos y las sazones y ayudarme a estar dispuesto a dejar ir lo viejo para que pueda abrazar las nuevas oportunidades que has preparado para mí. En el nombre de Jesús. Amén.

El pensamiento de hoy

No te quedes atrapado pensando que lo "suficientemente bueno" es suficientemente bueno. Has sido creado para más que solo el promedio. Hoy es un nuevo día, y hay nuevas alturas que escalar. Busca lo que amas y sigue desarrollando esa área en tu vida. Toma una clase o encuentra un mentor que te ayude a aprovechar al máximo tus habilidades. Al hacerlo te levantarás cada vez más alto. Estarás delante de líderes y gobernantes, y vivirás la vida bendecida que Dios ha preparado para ti.

Seguir adelante

Lectura bíblica: Proverbios 20

Honroso es al hombre evitar la contienda.

PROVERBIOS 20:3

Un apoyo o muleta es una herramienta temporal que utilizamos para caminar después de una herida en una pierna o un pie. Una vez que la herida se ha curado, dejamos el apoyo y caminamos por nosotros mismos. La palabra *muleta* también se utiliza para describir algo o alguien en quien podemos apoyarnos durante cierto período para ayudarnos a atravesar un tiempo de desafío. El término adopta una mala connotación, sin embargo, cuando se utiliza para describir algo de lo que nos hemos vuelto dependientes de modo innecesario, normalmente para perjuicio de nuestro progreso físico, mental o emocional.

Un apoyo debe ser temporal, solo hasta que nos curemos, o hasta que podamos arreglárnoslas por nosotros mismos. No ha de ser permanente, aunque nuestro apoyo sea alguien importante para nosotros. Una de las cosas más difíciles de aceptar es que no todas las personas han de estar en nuestras vidas para siempre. Algunas personas han de estar contigo a largo plazo, desde luego: tu cónyuge, tus hijos, tus hermanos, tus padres y tus buenos amigos. Pero hay otras personas a quienes Dios trae a tu camino durante cierto período, quizá un mentor, un maestro o un guía de algún tipo para ayudarte a atravesar cierta etapa de la vida o un momento difícil.

Si Dios no hiciese que se fueran, nos volveríamos demasiado dependientes. En lugar de ayudarnos, serían un obstáculo para nosotros. Su presencia podría limitar nuestro crecimiento.

Tienes que ser lo bastante grande para reconocer cuándo el papel de alguien en tu vida ha terminado. Eso no significa que la persona sea mala; pueden seguir siendo amigos y pueden seguir queriéndose y respetándose mutuamente. Pero debes aceptar que todo cambia. Para seguir adelante, tienes que soltar.

Al igual que Dios trae de modo sobrenatural a personas a nuestras vidas, Él hará irse a algunas de modo también sobrenatural. Cuando una persona se aleja y piensas que no puedes vivir sin él o ella, es Dios que te dice: "Es momento de que pases a un nuevo nivel".

No necesitas a alguien que constantemente piense por ti, te impulse, crea en ti y te aliente. Puedes hacer todo eso por ti mismo. Si quieres seguir creciendo, elimina tu dependencia de los apoyos.

No intentes convencer a las personas para que te quieran. No intentes persuadirlas para que permanezcan más allá de su utilidad. *Déjalas ir.*

Vi este principio en acción durante el ministerio de mi padre siempre que alguien anunciaba que se iba de la congregación. Esas personas esperaban que mi padre estuviera abatido y desalentado porque se iban, y por eso la persona con frecuencia se sorprendía cuando él parecía contento por su marcha.

Él nunca intentó convencerlos para que se quedasen, o convencerlos de que estaban cometiendo un error. Mi padre era siempre muy misericordioso. Siempre les daba las gracias, oraba por ellos, y después los acompañaba hasta la puerta. No lo decía, pero yo sé que estaba pensando: *Cuanto antes te vayas, mejor para ambos.*

Querrás tener personas en tu vida que hayan de estar ahí. Cuando Dios quiere que estén presentes en tu vida, ellos no encuentran fallos en todo lo que haces, y no tienes que manipularlos para que se queden. Eso es lo que me encanta de los miembros de nuestra iglesia en Lakewood. Son muchos, y yo no puedo conocer el nombre de la mayoría de ellos. No puedo llamarles personalmente. Pero sé que no asisten a la iglesia porque me necesiten. Asisten porque Dios les ha conducido a nuestra iglesia. Ellos no necesitan que yo los toque; necesitan que Dios les toque.

La oración de hoy

Padre, hoy te someto cada relación en mi vida. Confío en que me estás conectando con la gente adecuada, y removiendo a las personas que ya no están vinculadas con mi propósito. Dame la sabiduría y gracia para navegar por el cambio y levantarme más alto en los dones y talentos que me has dado. En el nombre de Jesús. Amén.

El pensamiento de hoy

Cuando Dios envía personas a tu camino, no tienes que halagarlas y hacer todo perfectamente para mantenerlas contentas. No tienes que caminar de puntillas intentando no ofenderlas. No necesitas amigos que sean difíciles de agradar. Si alguien intenta manipularte de ese modo, deja que se vaya y aléjate. No necesitas a nadie más para cumplir tu destino.

Tú tienes conexión directa con Dios

Lectura bíblica: Romanos 1

Y el ángel de Jehová se le apareció, y le dijo: Jehová está contigo, varón esforzado y valiente.

JUECES 6:12, RV60

Un miembro de la congregación una vez le dijo a mi padre: "Mi amigo oró por mí, y me dijo que Dios quiere que vaya a África y sea misionero. ¿Qué piensa usted?"

Mi padre le dijo: "Es su decisión, pero si usted va a África basándose en su consejo, ¡asegúrese de llevar con usted a ese amigo para que pueda decirle cuándo tiene que regresar!"

¡No necesitas que otra persona te diga lo que Dios quiere que hagas! Camina con Dios por ti mismo. Me acordé de eso cuando una joven me pidió consejo sobre un problema de relaciones.

"Este hombre al que apenas conozco me está diciendo que Dios le ha dicho que yo debería casarme con él".

Yo tuve que reírme porque ella es una joven hermosa. Entonces le dije que no tomase a ese hombre demasiado en serio, porque cada muchacho que la ve piensa lo mismo. Le dije: "La diferencia es que él fue el único valiente en decírtelo".

Tú mismo puedes oír de parte de Dios. No necesitas un apoyo. Escucha la *suave voz* en tu interior. Dios a veces nos habla por medio de una impresión que siempre es coherente con su Palabra escrita, la Biblia.

Jueces 6–7 relata la historia de un hombre llamado Gedeón que se enfrentó a tres ejércitos que marchaban contra él y sus hombres. Cuando Gedeón se preparaba para la batalla, Dios dijo: "Tienes demasiadas personas contigo. Si ganas con tantas, serás tentado a pensar que lo hiciste en tus propias fuerzas y yo no obtendré el mérito que merezco".

Para disminuir los números Dios le dijo que permitiese regresar a casa a todos los que tuvieran miedo.

Puedo imaginar que Gedeón estaba deprimido y temeroso de perder la batalla porque no tenía suficientes guerreros.

Pero Dios no había terminado de disminuir su ejército.

Dios dijo: "Gedeón, sigues teniendo demasiadas personas".

Su ejército pasó de 32,000 a solo 300 cuando Dios terminó. Estoy seguro de que Gedeón pensó que sus escasos hombres serían eliminados.

Pero no es importante cuántos tengas de tu lado. Lo importante es tener a las personas correctas de tu lado. Gedeón y sus trescientos hombres derrotaron a miles de tropas enemigas.

La oración de hoy

Padre, gracias por darme una conexión directa contigo a través del poder de Jesucristo. Creo que me estás hablando, creo que me estás enseñando a escuchar tu voz. Gracias por tu paz y gozo mientras te busco de todo corazón. En el nombre de Jesús. Amén.

El pensamiento de hoy

Quizá te sientas poco calificado algunas veces. Posiblemente sientas que no lo puedes hacer solo. Pero siempre y cuando camines en fe, nunca estarás solo. Dios proveerá lo que te falta.

Sigue lo que Dios haya puesto en tu corazón

Lectura bíblica: Gálatas 1

¿Qué busco con esto: ganarme la aprobación humana o la de Dios?
¿Piensan que procuro agradar a los demás? Si yo buscara agradar a
otros, no sería siervo de Cristo.

GÁLATAS 1:10

Cuando yo anuncié planes para trasladar a nuestra iglesia al anterior Compaq Center, el noventa y nueve por ciento de la congregación apoyó el movimiento. La mayoría de ellos estaban muy emocionados; pero había un oponente muy verbal, y él se aseguró de que yo me enterase de su oposición. Cada semana después del servicio, se acercaba a mí en la zona de recepción para visitantes y me decía: "Mire, su padre dijo que nunca trasladaría a la iglesia. Comete usted un gran error, y quiero que sepa que si la traslada, yo no le seguiré".

Yo pensé: *¿Es eso una promesa?*

Todo el mundo tiene derecho a tener una opinión. Pero él no sabía lo que yo estaba sintiendo en mi interior; no sabía lo que Dios me estaba diciendo. Yo no podía permitirle que detuviese el movimiento. Lo fácil es jugar a lo seguro. Pero sé fuerte y sigue lo que Dios haya puesto en tu corazón.

He aprendido que puede que tenga que desagradar a algunas personas a fin de no desagradar a Dios. Nunca me gusta ver a nadie irse de la iglesia, pero si soy sincero, creo que por cada uno que se va de la iglesia, Dios me enviará dos docenas más a cambio.

Muchas personas basan su dignidad y su valía en lo que los demás piensan de ellas. Se preocupan de caerles bien a los demás, que les aprueben, o que les consideren importantes. Debido a tales inseguridades, constantemente halagan a otros, intentando ganarse su favor y cumplir con todas las expectativas de los demás. Cuando haces eso, te estás preparando para ser controlado y manipulado. Permites que otros te metan en un molde. Algunas personas no siguen sus sueños porque se preocupan mucho de caer de la gracia de otros. Puede que pierdas la aprobación de otros si sigues tus propios sueños.

Si tus amigos te aprueban solamente cuando cumples sus expectativas, no son verdaderos amigos. Son manipuladores; son controladores. Hay una libertad real cuando entiendes que no necesitas la aprobación de los demás. Tienes la aprobación del Dios todopoderoso.

No intentes mantener contentos a todos los que te rodean. Algunas personas ni siquiera quieren ser felices. Tienes que estar lo bastante seguro para decir: "Te amo, pero no te permitiré que me controles. Puede que no me des tu bendición, pero está bien. Tengo la bendición de Dios". Dite a ti mismo que no vas a ser alguien que agrada a la gente; vas a ser alguien que agrada a Dios".

La oración de hoy

Padre, gracias por dirigirme y guiarme con tu paz y gozo. Ayúdame a enfocarme en agradarte solo a ti de modo que pueda correr mi carrera, cumplir con mi destino y vivir la vida que tienes preparada para mí. En el nombre de Jesús. Amén.

El pensamiento de hoy

Si permites que otras personas te controlen y sientes que tienes que cumplir con todas sus exigencias, el día en que finalmente caigas en la cuenta y te canses de ser manipulado, simplemente te van a cortar. Es mucho mejor confiar en Dios para que Él te dirija.

Dios te recompensará por buscar su Reino

Lectura bíblica: Lucas 18

—Así es —respondió Jesús—, y les aseguro que todo el que haya dejado casa o esposa o hermanos o padres o hijos por causa del reino de Dios recibirá mucho más en esta vida y tendrá la vida eterna en el mundo que vendrá.

LUCAS 18:29–30, NTV

Cuando mi madre tenía veintiséis años, mi padre decidió dejar la iglesia que él había estado pastoreando por muchos años. La vieja congregación no respaldaba realmente su nueva doctrina de fe, sanidades y milagros. Mi madre tenía amigos de toda la vida en esa iglesia. En lugar de celebrar el nuevo comienzo de mi madre, esos amigos no quisieron tener nada que ver con ella.

Los amigos de toda la vida se alejaron, todo porque mi padre decidió despegar por sí mismo. Me encanta lo que Jesús dijo en Lucas 18:29-30: "Les aseguro que todo el que haya dejado casa o esposa o hermanos o padres o hijos por causa del reino de Dios recibirá mucho más en esta vida" (NTV). Observa que no dice que cuando llegues al cielo Dios te bendecirá. Dice que aquí en la tierra, si renuncias a algo por causa de Dios, Él te recompensará más de lo que puedas imaginar.

Mi madre perdió a todos sus amigos. Ellos ya no le daban su aprobación. ¿Pero puedo decirte que Dios es un Dios fiel? Mi mamá encontró muchos amigos nuevos, incluso más de los que pudo haber imaginado.

Dios siempre termina lo que comienza. No importa lo oscuro que se vea, no importa cuánto tiempo haya pasado, no importa cuantas personas estén tratando de hacerte caer; si permaneces en fe, Dios perfeccionará lo que comenzó.

La oración de hoy

Padre, hoy busco primero tu Reino. Confío en que me estás dirigiendo a bendición y victoria. Suelto a los que no apoyan lo que has puesto en mi corazón. Los perdono y los amo. Gracias por recompensarme mientras te busco diligentemente. En el nombre de Jesús. Amén.

El pensamiento de hoy

En algún punto, Dios te pedirá que salgas de la barca. No sería tan difícil si todos tus amigos y familiares te alentasen a hacer eso también. Pero la mayor parte del tiempo, tus amigos te aconsejarán que te quedes donde estás. Debes escuchar al Padre en los cielos, quien te recompensará. Mantente firme, sigue creyendo, porque pronto te levantarás a los lugares más altos que Él ha preparado para ti.

Dios no te abandonará

Lectura bíblica: Jeremías 1

Antes de formarte en el vientre, ya te había elegido.

JEREMÍAS 1:5

Cuando Jesús le dijo a Pedro que Él iba a Jerusalén y "padecer mucho" (Mateo 16:21, RV60). Pedro dijo: "Señor, ten compasión de ti; en ninguna manera esto te acontezca" (v. 22, RV60). Pedro amaba a Jesús; estaba preocupado por Él, pero no entendía el destino de Jesús. Otros puede que no entiendan lo que Dios ha puesto en tu corazón, y no tienes que descartarlos, sino debes ser fuerte y seguir tu destino, con o sin la aprobación de ellos.

Esto fue lo que Jesús hizo. Miró a Pedro y dijo: "¡Quítate de delante de mí, Satanás!; me eres tropiezo, porque no pones la mira en las cosas de Dios, sino en las de los hombres" (v. 23, RV60). Él fue fuerte; fue firme; pero no fue irrespetuoso.

No dijo: "Nunca volveré a hablarte porque no estás de acuerdo conmigo". Jesús simplemente dijo la verdad en amor y siguió adelante para cumplir su destino sin la aprobación de Pedro.

De la misma manera, no llegarás a ser todo aquello para lo que Dios te ha creado si debes tener la aprobación de todos los que te rodean. Me encantaría decirte que toda tu familia y tus amigos estarán a tu lado para animarte, alentarte y apoyarte. La mayoría del tiempo, sin embargo, alguien estará celoso; alguien no entenderá; alguien intentará menospreciarte o desacreditarte.

No puedes agradar a todo el mundo, así que permite que quienes no te aprueban sepan que les amas y que la única aprobación que necesitas es la de Dios. Diles: "Tengo la aprobación del Dios todopoderoso, y Él ha prometido que si yo renuncio a cualquier cosa por causa de Él, Él me recompensará inmensamente".

Esa es una actitud poderosa. Cuando estás lo bastante seguro de quién eres, tendrás confianza en el destino que tienes delante. Sigue siendo lo mejor de ti. Haz eso, y nada te detendrá. El Creador del universo derribará toda barrera y te llevará donde debes estar. Mantén una buena actitud. Sacúdete las voces negativas. No prestes atención a las personas negativas que intentan desacreditarte y hacerte ver mal. Si permaneces en fe, cuanto más negativamente hablen de ti, más alto te llevará Dios.

La oración de hoy

Padre, gracias por aprobarme y amarme. Como soy aprobado por ti no tengo que vivir para la aprobación de la gente. Ayúdame a siempre caminar en tu verdad a medida que prosigo al destino que has preparado para mí. En el nombre de Jesús. Amén.

El pensamiento de hoy

No seas retenido por temor a que la gente te abandone. Si ellos te dejan, no los necesitas. Dios dijo que Él nunca nos abandonaría ni nos dejaría. Por tanto, si ellos se alejan cuando verdaderamente los necesitas, no son de Dios. Sabemos que Dios no puede mentir. Así que entiende que si alguien te retiene su aprobación no es gran cosa porque tienes la aprobación de Dios.

Enfócate en ganarte el favor de Dios

Lectura bíblica: Salmos 75

Los elogios no vienen del este, ni del oeste ni del sur; vienen de Dios,
que es el juez. A unos les quita el poder, y a otros se lo da.

SALMOS 75:6–7, TLA

Nuestra amiga Joyce Meyer es una gran maestra de la Biblia. Comenzó su ministerio en una pequeña aula en una pequeña iglesia. Cada semana, unas cuarenta personas asistían a su estudio bíblico. Su esposo, Dave, se sentaba en la primera fila para apoyarla. Una semana después de la clase el pastor los apartó para hablar con ellos y les dijo: "Dave, esto está fuera de orden. Tú deberías estar enseñando, y Joyce debería estar sentada en la primera fila apoyándote".

Eran jóvenes y no querían decepcionar al pastor porque podría echarlos de esa iglesia a la que asistían todos sus amigos. Este pastor era un buen hombre, pero no sabía lo que Dios había puesto en el corazón de Joyce. No sabía que tenía un increíble don para enseñar.

Por respeto al pastor, Dave comenzó a enseñar y Joyce se sentaba en la primera fila. Ahora bien, fue bueno que ellos estuvieran dispuestos a sujetarse a la autoridad. No estoy diciendo que deberíamos ser rebeldes y no recibir consejo. Pero estoy diciendo que no deberíamos permitir que otras personas dirijan nuestra vida. Algunas personas ni siquiera pueden encargarse de su propia vida, después de todo.

Pasaron varias semanas y Joyce se sentía miserable. Y también Dave se sentía miserable. No le gustaba enseñar. No era a lo que había sido llamado. Un día Joyce finalmente comenzó a enseñar de nuevo. Por supuesto, el pastor les pidió que se fueran. Ya no los aprobaba ni los aceptaba.

¡Gracias a Dios que Joyce sabía que tenía la aprobación de Dios! Le ha ido bien desde entonces.

Cuando llegues al final de tu vida, no vas a comparecer delante de otras personas. Vas a comparecer delante de Dios. No es una buena excusa decir que no cumpliste con tu destino porque tenías que complacer a tus amigos o a tus compañeros de trabajo. Corre la carrera. Cumple tu destino. Entiende que es excelente tener la aprobación de los demás, pero que es mejor complacer a Dios.

Ahorra tu tiempo y energía para los que te apoyan en las buenas y en las malas. Tengo amigos, familiares y personal en mi vida en este momento que sé que me darán su aprobación hasta el día que muera.

Dios ha puesto personas en mi vida que me celebran y me dan la libertad de convertirme en quien Él me ha creado. Él ha puesto el mismo tipo de personas en tu vida: las personas apropiadas. Así que no pierdas el tiempo tratando de ganar la aprobación de los que podrían manipularte y meterte en una caja que hayan diseñado. Tu destino es demasiado grande como para eso. No necesitas su aprobación. ¡Tienes la aprobación del Dios todopoderoso!

La oración de hoy

Padre, gracias por los dones y los llamados que has puesto sobre mi vida. Escojo ser fiel a ti aun y cuando otras personas no lo aprueben. Gracias por tu favor, unción y conexiones divinas para cumplir con cada deseo que has puesto en mi corazón. En el nombre de Jesús. Amén.

El pensamiento de hoy

La Escritura dice que la exaltación no viene de las personas sino de Dios. Puede que no tengas la aprobación de alguien "importante", pero enfócate en ganarte en cambio el favor de Dios. ¿Cómo haces eso? Siendo una persona de excelencia, teniendo una actitud de fe, bendiciendo a tus enemigos, siendo bueno con la gente.

Permanece en tu propia carrera

Lectura bíblica: Juan 1

Él [Juan] dijo con toda franqueza: —Yo no soy el Mesías.

JUAN 1:20, NTV

Estaba viendo la carrera de las 500 de Indianápolis en televisión y admirando los autos de carreras. Están muy cerca del suelo y son muy aerodinámicos; están equipados con inmensos motores que los impulsan a 200 millas por hora (321 kph) de inmediato; pueden tomar curvas a más de 100 millas por hora (160 kph). Son rápidos. Son precisos. Pero a pesar de todas esas fortalezas, los autos de la Indy también tienen debilidades. Solamente tienen espacio para el conductor. No son muy cómodos, y el interior es todo de metal y equipamiento. No tienen aire acondicionado; no tienen estéreo; no tienen lujos. ¿A qué se debe eso? Los autos de la Indy están diseñados para un propósito concreto, para ser los mejores en su carrera en particular.

Victoria y yo tenemos un SUV Suburban que puede llevar fácilmente a ocho personas con comodidad. La zona trasera es tan grande que podemos meter todas nuestras bicicletas y nuestro equipaje. El SUV tiene aire acondicionado y un buen sistema de sonido, y uno conduce con tanta altura que se siente el rey de la carretera.

Pero si llevásemos nuestro Suburban a la pista de las 500 de Indianápolis, los autos de carreras harían círculos alrededor de nosotros. El SUV sería rebasado una y otra vez. Si intentases tomar una curva a más de 100 millas por hora (160 kph), oirías a los ángeles decir: "Bienvenido al cielo". El Suburban no podría manejarse en la pista de la Indy. Ese vehículo tan grande y cómodo estaría compitiendo en una carrera que nunca fue diseñado para correr.

Por otra parte, si Victoria y yo intercambiásemos nuestro SUV por un auto de carreras e intentásemos utilizarlo todos los días, podríamos llamar mucho la atención (esos autos son muy llamativos), pero no sé dónde pondríamos a los niños o los alimentos. Si pillaras un bache en uno de ellos, sentirías que estás en un terremoto. Unos días después estaríamos pidiendo que nos devolviesen nuestro SUV.

Cada tipo de auto está diseñado para un propósito concreto. El Suburban no ganará ninguna carrera en la pista de las 500 de Indianápolis, y los autos de carreras de la Indy no son la elección de las mamás como vehículo para todos los días. Aun así, ambos tipos de autos tienen fortalezas increíbles. La clave es asegurarse de que cada uno de ellos esté en la carrera correcta.

Actualmente puede que seas la versión humana de ese auto de la Indy con la velocidad, la agilidad y el aspecto. Si así es, adelante. Sé lo mejor que puedas ser. Corre tu carrera.

Si no eres una persona modelo Indy, no te sientas mal por eso. No hay nada de malo en decir: "Esas no son mis fortalezas. Yo nunca seré tan rápido; nunca seré tan ágil. No me veo tan deportivo, pero me siento bien con eso".

La oración de hoy

Padre, gracias por los dones que me has dado. Dirígeme, guíame y ayúdame a aprovecharlos al máximo de modo que pueda vivir conforme a tu plan y cumplir con mi destino. En el nombre de Jesús. Amén.

El pensamiento de hoy

Tu carrera para ser el mejor es solamente tuya, y es tuya para ganarla. Dios no te medirá comparándote con otros; no te juzgará según lo que un compañero de trabajo logre, según lo que tu vecino conduzca o si eres tan delgado como tu mejor amigo. Dios te juzgará por lo que hayas hecho con los dones que Él te dio. Él estará interesado en cuán confiado y seguro eres. ¿O te sentiste inseguro y te flagelaste mientras te comparabas con los demás?

¡Sé el mejor tú!

Lectura bíblica: Hebreos 12

Corramos con paciencia la carrera que tenemos por delante.

HEBREOS 12:1–2, RVC

Leí sobre un muchacho de siete años, Joey, que nunca estaba contento consigo mismo. Siempre estaba mucho más impresionado con Billy. Caminaba como Billy y hablaba como Billy.

Bien, a Billy tampoco le gustaba cómo era él mismo. Admiraba a Corey. Por tanto, Billy caminaba como Corey y hablaba como Corey. Así, Joey estaba copiando a Billy, quien a su vez estaba copiando a Corey.

Resultó que también Corey tenía un complejo de inferioridad. Estaba mucho más impresionado con Frankie. Por tanto, caminaba como Frankie y hablaba como Frankie.

Así, Joey estaba copiando a Billy, quien a su vez estaba copiando a Corey, quien a su vez estaba copiando a Frankie.

Nunca te imaginarás lo que sucedió después. Frankie tampoco estaba contento consigo mismo. Él admiraba a Joey. Por tanto, caminaba como Joey y hablaba como Joey.

Muy bien, déjame ver si lo entendemos: Joey estaba copiando a Billy, quien a su vez estaba copiando a Corey, quien a su vez estaba copiando a Frankie, ¡quien a su vez le estaba copiando a Joey! ¡Joey se estaba copiando *a sí mismo!*

Esta historia destaca la verdad de que las personas a las que quieres parecerte, muchas veces quieren ser como tú. Puede que te admiren tanto como tú las admiras a ellas. Por tanto, no hay nada de malo en admirar a las personas. Es bueno mostrar respeto y admiración, pero no intercambies tu identidad por la de ellos. Corre tu propia carrera. Tú tienes algo estupendo que ofrecer.

La oración de hoy

Padre, humildemente vengo a ti dándote todo lo que soy. Ayúdame a ser la mejor versión de mí que pueda ser. Declaro que no voy a competir ni a compararme con otros. No voy a ver a la izquierda o a la derecha, sino a mantener mis ojos en ti, Jesús, el Autor y Consumador de mi fe. En el nombre de Jesús. Amén.

El pensamiento de hoy

Cuando te enfoques en ser quien Dios te creó, es cuando te levantarás más alto y te pondrás en posición para recibir cada bendición espiritual que Él tiene preparada para ti.

Selecciona con cuidado
a los de tu círculo

Lectura bíblica: Marcos 5

No dejó que nadie lo acompañara, excepto Pedro, Jacobo y Juan, el hermano de Jacobo.

MARCOS 5:37

Cuando la hija de nuestros amigos, a la que llamaré Janna, era una adolescente, comenzó a salir con un muchacho llamado Tad después de conocerlo en el grupo de jóvenes de una iglesia. Los padres de Janna estaban contentos de que hubiera encontrado a un muchacho de un grupo de la iglesia. Pero luego descubrieron que Tad había sido obligado por sus padres a asistir al grupo, ya que estaban tratando de enderezarlo porque había estado en muchos problemas a causa de su conducta violenta y el consumo de drogas. En lugar de ser una buena influencia para ella, desvío a Janna.

Pronto las calificaciones de Janna empeoraron. Y sus padres la sorprendieron mintiendo sobre dónde había estado y con quién.

A los padres de Janna les tomó mucho tiempo recuperar a su hija. Años después, ella les dijo lo agradecida que estaba de que hubieran estado a su lado y hubieran peleado por ella. Pero cuando estaban pasando por esto, Janna no podía ver que sus padres estaban tratando de salvarla de alguien que era una influencia sumamente mala para ella.

Tu destino es demasiado grande para que lo alcances por ti solo. Dios ya ha preparado personas que te apoyen y te hablen fe. Él ha puesto a otros en tu camino para inspirarte, para desafiarte, para ayudarte a crecer y a alcanzar tus sueños. Pero algunas personas nunca alcanzan su máximo potencial porque nunca se alejan de las personas equivocadas.

Relaciónate con quienes entiendan tu destino, con amigos que aprecien tu singularidad, con alentadores que puedan apelar a tus semillas de grandeza.

La oración de hoy

Padre, ayúdame a escoger mis relaciones con sabiduría. Facúltame con intrepidez para alejarme de los que me están hundiendo. Déjame ver claramente y apreciar a los que están a mi lado haciendo germinar las semillas de grandeza que has puesto en mí con sus palabras. En el nombre de Jesús. Amén.

El pensamiento de hoy

No todos pueden ir donde Dios te está llevando. No necesitas a quienes te derriban, a quienes te dicen lo que no puedes ser y que nunca te dan su aprobación incluso cuando haces las cosas bien.

Dios sustituirá lo negativo con lo positivo

Lectura bíblica: Mateo 7

No deis lo santo a los perros, ni echéis vuestras perlas delante de los cerdos, no sea que las pisoteen, y se vuelvan y os despedacen.

MATEO 7:6, RV60

S i eliminas a las personas negativas de tu vida, Dios llevará a ella personas positivas. ¿Te está reteniendo tu círculo íntimo de amigos? ¿Están *contigo* los más cercanos a ti pero no están *a tu favor*? Si ves que es necesario un esfuerzo constante para ganarte su aprobación y su aliento, probablemente ellos no entiendan tu destino.

La Escritura dice: "Ni echen sus perlas a los cerdos" (Mateo 7:6, NVI). Podrías decir que tu perla es tu talento, tu personalidad. Es quien tú eres. Cuando estás cerca de amigos verdaderos, personas que realmente creen en ti, ellos no estarán celosos de tus talentos; no cuestionarán constantemente quién eres, ni intentarán convencerte de que dejes tus sueños. Será justamente lo contrario. Ellos te ayudarán a pulir tu perla; te darán ideas; te conectarán con personas que conozcan; te impulsarán hacia adelante.

No desperdicies tiempo con personas que no valoren tus talentos o aprecien lo que tienes que ofrecer. Eso es echar tu perla a los cerdos. Quienes están más cercanos a ti deberían celebrar quién eres y alegrarse cuando tengas éxito. Deberían creer en lo mejor de ti.

Si eso no describe a quienes están en tu círculo íntimo, sácalos. Puedes ser agradable, y pueden seguir siendo amigos desde cierta distancia; pero tu tiempo es demasiado valioso para emplearlo con personas que no están a favor de ti al cien por ciento. Lo importante no es la cantidad de amigos; es la calidad de amigos. Yo prefiero tener dos buenos amigos que sé que están a favor de mí cien por ciento que tener cincuenta amigos que solo están a favor de mí en ochenta por ciento.

La oración de hoy

Padre, ayúdame a ver claramente los tesoros, las perlas, que has colocado dentro mío. Dame sabiduría para discernir las relaciones correctas que has ordenado para mí. Gracias por sustituir las influencias negativas en mi vida con relaciones positivas. En el nombre de Jesús. Amén.

El pensamiento de hoy

Cuando estás cerca de amigos verdaderos, personas que realmente creen en ti, ellos no estarán celosos de tus talentos; no cuestionarán constantemente quién eres, ni intentarán convencerte de que dejes tus sueños. Será justamente lo contrario. Ellos te ayudarán a pulir tu perla, a desarrollar tus perlas, mejorar tus perlas y cultivar tus perlas.

Cuídate de los negativos y necesitados

Lectura bíblica: Proverbios 27

El hierro se afila con el hierro, y el hombre en el trato con el hombre.
PROVERBIOS 27:17

Como ministro, espero que personas con necesidad acudirán a mí. Yo les doy la bienvenida e intento ayudar de la manera que pueda. Dicho eso, hay algunas personas que tan solo siguen acudiendo para obtener más. Esas personas negativas y necesitadas constantemente descargan sus problemas a tu puerta y esperan que tú los limpies. Solo conocen una canción, y es triste. Después de llorar con ellos ocho o nueve estrofas, te das cuenta de que no quieren recibir ayuda o aliento. Tan solo quieren descargarse contigo. Se deleitan en la atención, y te roban la energía. Pasa una hora con ellos, y te sentirás como si hubieras corrido un maratón.

Las personas necesitadas pueden abusar de tu bondad. A veces, tienes que soportar sus dificultades y amarles hasta que sean sanos, pero no puedes pasar toda tu vida metido en sus problemas. Tú tienes un destino dado por Dios que cumplir. He descubierto que, en algunos casos, la mejor ayuda que puedes dar a las personas negativas y necesitadas es no ayudarles en absoluto. De otro modo, solamente estás capacitando su disfunción.

Proverbios 27:17 dice: "El hierro se afila con el hierro, y el hombre en el trato con el hombre" (NVI). ¿Están tus amigos haciéndote más fuerte? ¿Te están desafiando a llegar a ser un mejor padre, un mejor cónyuge, un mejor compañero de trabajo, un mejor miembro de tu comunidad?

Si no, también tú puede que tengas que cambiar el lugar donde haces negocios, donde juegas partidos, donde trabajas o donde compras. Tu tiempo en esta tierra es breve y valioso. Tienes un destino que cumplir, y no puedes hacer que suceda si llevas a tus espaldas a personas necesitadas y negativas. La solución se encuentra en Marcos 5:40. Muéstrales dónde está la puerta. Sé amable y educado, pero despídelas.

La oración de hoy

Padre, gracias por las personas que has puesto en mi vida. Ayúdame a ver la manera en que las ves. Ayúdame a ser amoroso y amable, pero que no sea manipulado por las personas negativas. Permíteme ayudar a otros a que cumplan tu plan para sus vidas. En el nombre de Jesús. Amén.

El pensamiento de hoy

Dios quiere que seamos diferentes. Nos ha dado personalidades diferentes, diferentes puntos fuertes, diferentes pasatiempos y aspecto distinto. Nos ha hecho a todos diferentes para que podamos afilarnos y hacer que el otro se levante más alto en la vida.

Da un salto hacia tu destino

Lectura bíblica: Lucas 1

Tan pronto como Elisabet oyó el saludo de María, la criatura saltó en su vientre. Entonces Elisabet, llena del Espíritu Santo.

Lucas 1:41

En la Escritura, encontrarás la historia de Elisabet, que batalló para tener un hijo. En aquellos tiempos, una mujer era despreciada si no podía tener hijos. Finalmente, tarde en la vida, Elisabet concibió. Estaba muy emocionada por ser capaz de tener aquel hijo.

Durante las primeras semanas Elisabet estaba muy feliz; sus sueños se estaban cumpliendo. Entonces, a medida que se acercaba el parto, comenzó a preocuparse. Nunca antes había tenido un hijo. Esperaba y oraba para que todo fuese bien, pero pasaron tres meses, cuatro meses, cinco meses y no sentía ningún movimiento.

Cuanto más tiempo pasaba, más se preocupaba. Entonces, un día alguien llamó a su puerta; un huésped inesperado. Era su prima más joven, María, una adolescente. Elisabet abrió la puerta. María le dio un gran abrazo y dijo: "¡Elisabet! ¡Felicidades! He oído la estupenda noticia de que vas a tener un hijo".

La Escritura dice en Lucas 1:41: "Tan pronto como Elisabet oyó el saludo de María, la criatura saltó en su vientre".

En ese momento Elisabet supo que el niño estaba vivo. ¡Sabía que la promesa se cumpliría!

Dios ha designado a personas para que lleguen a tu vida y hagan que tu hijo, tu sueño o tu promesa den un salto. Son personas positivas y llenas de fe que ayudarán a que tus sueños cobren vida y tus promesas se cumplan.

María, desde luego, era una relación divina. Ella fue ordenada por el Creador del universo para llevar esperanza, fe y visión a la vida de Elisabet. Ella ni siquiera tuvo que decir nada profundo; tan solo dijo hola, y la promesa dentro de Elisabet cobró vida.

Dios ya ha preparado a tu María. Cuando conoces a las personas correctas, ellas simplemente pueden decir "buenos días", y tus sueños darán un salto. Es una relación sobrenatural.

María estaba embarazada de Jesús, el Hijo de Dios. Elisabet estaba embarazada de Juan el Bautista. Cuando la promesa de María conectó con la promesa en Elisabet, hubo una explosión de fe. Cuando conoces y te relacionas con las personas correctas, cuando conectas con grandes soñadores y grandes hacedores, entonces la promesa en ti conectará con las promesas en ellos. Verás a Dios intervenir y hacer algo sobrenatural en sus vidas.

La oración de hoy

¡Padre, gracias por traer gente a mi vida quienes van a confirmar lo que estás haciendo en mí y a causar que la promesa dentro mío salte! Confío en que estás ordenando mis pasos y orquestando mi destino. Doy alabanza y gloria por tu fidelidad hoy y siempre. En el nombre de Jesús. Amén.

El pensamiento de hoy

Si sigues abriendo la puerta y tus sueños nunca dan un salto, estás abriendo la puerta a las personas equivocadas. No abras la puerta a un murmurador, alguien que se queja o utiliza. Abre la puerta solo a quienes te inspiran, te alientan y te desafían a cumplir el destino que Dios te ha dado.

La promesa está en tí

Lectura bíblica: Hebreos 12

Por lo tanto, también nosotros, que tenemos tan grande nube de testigos a nuestro alrededor, liberémonos de todo peso y del pecado que nos asedia, y corramos con paciencia la carrera que tenemos por delante. Fijemos la mirada en Jesús, el autor y consumador de la fe.

HEBREOS 12:1–2, RVC

Al igual que Elisabet, tú llevas una promesa. Sabes que Dios te ha hablado, pero quizá haya sido hace mucho tiempo. Puede que no hayas sentido ningún movimiento en tu interior, y ahora pienses: *¿Oí a Dios correctamente? ¿Sigue estando en mí la promesa? ¿Voy a dar a luz a esta promesa?*

Creo que Dios me ha enviado hoy para ser una de tus Marías. Con respecto a ese sueño o esperanza al que estás a punto de renunciar, Dios te dice: "Se cumplirá". La promesa está en ti; está viva y bien. Puede que no veas que sucede nada; puede que sientas que no oíste a Dios correctamente, pero Dios sigue estando en el trono.

En este momento Él está acomodando las cosas a tu favor. Lo que Él te prometió, Él lo cumplirá. Si recibes estas palabras por fe, sentirás algo en tu espíritu; un empuje, un impulso. ¿Qué es? Es tu promesa que cobra vida.

Tú eres un hijo del Dios Altísimo. Tienes semillas de grandeza en tu interior. No hay error que hayas cometido que sea demasiado grande para la misericordia de Dios. No hay obstáculo demasiado alto, no hay enfermedad demasiado grave ni sueño demasiado grande. Tú y Dios son mayoría.

Cuando oigas palabras como estas, deja que echen raíz y sentirás que tu fe surgirá. Es tu bebé, tu promesa, que comienza a dar saltos.

No pasará mucho tiempo hasta que estés convencido de que puedes lograr todo lo que deseas mediante el plan de Dios. Pero si quieres llegar a ser todo aquello para lo que Él te creó, debes llenar tu círculo íntimo de personas de visión, fe y aliento. No es demasiado tarde. No eres demasiado viejo. No has cometido demasiados errores. La promesa sigue estando viva. Ahora te corresponde a ti eliminar a quienes te están reteniendo y sustituirlos por quienes te levanten. ¡Dios ya los ha enviado a tu puerta! Déjales entrar, y entonces, al igual que el hierro se afila con el hierro, atravesarás tus desafíos y te elevarás más alto. Creo y declaro que al igual que Elisabet, darás a luz a toda promesa que Dios haya puesto en tu corazón, ¡y llegarás a ser todo aquello para lo que Dios te creó!

La oración de hoy

Padre, te agradezco que las semillas de grandeza dentro de mí están vivas y en buenas condiciones. Aunque no siempre lo vea, incluso aunque no siempre lo sienta, confío en que estás trabajando en mí. Gracias por fortalecerme y alentarme a dar a luz a cada promesa y a cumplir con el destino que has diseñado para mí. En el nombre de Jesús. Amén.

El pensamiento de hoy

Dios no puso la promesa en alguien más; Él puso la promesa en ti. Alguien más quizá no pueda ver lo que tú puedes ver. No te desanimes ni les permitas convencerte de abandonar tus sueños. Cuando Dios te da un sueño, te lo da en forma de semilla. Las oportunidades que necesitas ya están en tu futuro. No permitas que la gente te convenza de dejar lo que Dios ha puesto en tu corazón.

PARTE
IV

Viaja ligero

Dios saldará las cuentas

Lectura bíblica: Hebreos 10

Pues conocemos al que dijo: "Yo tomaré venganza. Yo les pagaré lo que se merecen". También dijo: "El Señor juzgará a su propio pueblo". ¡Es algo aterrador caer en manos del Dios vivo!

HEBREOS 10:30–31, NTV

Una mujer recientemente me dijo que, cuando era niña varios hombres abusaron de ella. Fue muy injusto. Ella creció confundida y avergonzada; pensaba que era culpa de ella, y no confiaba en los hombres. Pero haría cualquier cosa para ganarse su aprobación; eso era lo único que sabía hacer. En su interior estaba amargada y enojada. Guardaba rencor.

Durante veintiséis años no le habló a su padre porque lo culpaba por no protegerla de los que abusaron de ella. Le odiaba, y cada vez que pensaba en él, se enojaba y se amargaba. Pero un día me oyó hablar sobre el perdón, y se lo tomó en serio cuando dije que ninguna herida u ofensa debería alejarnos de nuestro destino porque, cuando perdonamos, eso nos libera para seguir adelante.

A los treinta y seis años de edad, ella viajó a otra ciudad y encontró a su padre. Cuando él abrió la puerta y la vio, no supo qué hacer. Ella dijo: "Papá lo que hiciste al no protegerme estuvo mal. Te he odiado cada día de mi vida, pero ya no puedo vivir con ese veneno en mí. No permitiré que destroces mi vida. Te perdono por todo lo que has hecho".

Ella me dijo que cuando se alejó de su padre aquel día, fue como si hubiera sido puesta en libertad de la cárcel. Hasta aquel punto ella había luchado en la vida, había pasado de una relación a otra, y había fracasado en varios empleos. Pero en la actualidad, diez años después, está felizmente casada y tiene tres hermosos hijos. Es dueña de su propio negocio y es muy exitosa. Ella dice que la vida no podría ser mejor. Su recuperación comenzó cuando ella soltó su herida. Perdona para poder ser libre. No permitas que la persona que te ofendió te mantenga en la cárcel. Si sueltas las ofensas, entonces Dios hará por ti lo que hizo por la mujer mencionada anteriormente. Él tomará lo que tenía intención de hacerte daño y lo usará para tu ventaja. Lo que te sucedió puede que fuese doloroso, pero no desperdicies tu dolor. Dios usará ese dolor para elevarte.

Puede que necesites que se ajusten algunas de tus cuentas. Quizá alguien te robó la niñez, o alguien se fue y te abandonó con un puñado de hijos a los que criar, o alguien te engañó en un trato de negocios y perdiste mucho dinero. Podrías fácilmente vivir enojado y con rencor; en cambio, recibe aliento. Dios es un Dios de justicia. Él conoce a cada persona que te hizo daño y te dejó solo y temeroso. Puede que nadie más lo viese, pero Él lo vio y supo que no estuvo bien, y hoy te dice: "Estoy saldando tus cuentas. Estoy enmendando tus ofensas. Te devolveré no solo lo que mereces sino el doble".

Dios dijo en Isaías: "En lugar de vuestra doble confusión y de vuestra deshonra, os alabarán en sus heredades; por lo cual en sus tierras poseerán doble honra, y tendrán perpetuo gozo" (61:7, rv60).

La oración de hoy

Padre, ayúdame a perdonar a la gente que me ha lastimado. Incluso si ya no están, decido soltar el dolor, la amargura y la ofensa. Hoy abro la puerta de mi corazón para recibir tu perdón y restauración en mi propia vida a cambio. En el nombre de Jesús. Amén.

El pensamiento de hoy

Dios nunca te deja igual; siempre te saca mejor de la prueba. Él hará que el enemigo pague por traer esa injusticia a tu vida. Haz tu parte y déjala ir. Cuando decides perdonar le estás entregando todo a Dios. Hoy, escoge el perdón y permite que Dios sea tu vengador. Permítele zanjar tus casos porque Él promete retribuirte el doble en esta vida.

Dios te compensará

Lectura bíblica: Mateo 6

Perdónanos nuestras deudas, como también nosotros hemos perdonado a nuestros deudores.

MATEO 6:12

Sharon odiaba a su padre porque él engañó a su madre. Sharon no tuvo una buena niñez. Siempre resintió el hecho de que su padre no fuese fiel y que no estuviese a su lado cuando era pequeña. No podía soportar estar cerca de él.

¿Pero sabes que cuando Sharon creció engañó a su esposo y destruyó su propio hogar? Ella no estuvo al lado de sus propios hijos. Se convirtió exactamente en lo que odiaba en su padre.

Por eso es tan importante perdonar y soltar las cosas. La amargura, el pecado que retienes, pueden producir los mismos resultados que te hirieron. Si fuiste criado en un ambiente abusivo, si provienes de una familia llena de enojo y disfunción, en lugar de llegar a amargarte y enojarte, ¿por qué no eres tú quien ponga fin al ciclo negativo?

Tú puedes ser quien marque la diferencia. ¿Te estás aferrando al enojo y la falta de perdón y transmitiendo veneno a la siguiente generación? ¿O estás dispuesto a soltarlo para que tu familia pueda elevarse a un nuevo nivel?

Entiendo que puede ser muy difícil perdonar, especialmente cuando alguien te ha herido, pero Dios nunca te pedirá que hagas algo sin darte la capacidad para hacerlo.

El perdón es un proceso; no sucede de la noche a la mañana. No chascas los dedos y haces que una herida desaparezca. Eso no es realista. Pero si sigues teniendo el deseo de perdonar y le pides a Dios que te ayude, entonces, poco a poco, esos sentimientos negativos se desvanecerán. Un día ya no te afectarán en absoluto.

Cuando Jesús oró el Padrenuestro dijo: "Y perdónanos nuestras deudas, como también nosotros perdonamos a nuestros deudores" (Mateo 6:12, RV60). Cuando Dios habla de deudas, no está hablando solo de deudas monetarias; está hablando de las veces en que la gente te ofende, las veces en que la gente te hace daño. Dios se refiere a eso como una deuda porque cuando te tratan mal, puede que sientas que se te debe algo.

La naturaleza humana dice: "Me ofendieron. Ahora quiero justicia. Tú me maltrataste. Ahora tienes que pagarme". Pero el error que muchas personas cometen es intentar cobrar una deuda que solo Dios puede pagar. El padre que no pudo devolverle a su hija su inocencia perdida; tus padres no pueden pagarte por no haber tenido una niñez amorosa; tu cónyuge no puede pagarte por el dolor que te causó al ser infiel. Solamente Dios puede verdaderamente pagarte.

La oración de hoy

Padre, no quiero permitir que la amargura, el enojo o el resentimiento tengan control sobre mi vida. Hoy lo suelto todo. Dejo ir la herida y el dolor y recibo tu poder sanador. Ayúdame a perdonar a otros y a romper los ciclos negativos del pasado mientras me someto diariamente a ti. En el nombre de Jesús. Amén.

El pensamiento de hoy

Si quieres ser restaurado y sanado, entra en la nómina de Dios. Él sabe cómo hacer bien las cosas; Él sabe cómo producir justicia; Él te dará lo que mereces. Déjaselo a Él. Deja de esperar que las personas te compensen, pues ellas no pueden darte lo que no tienen.

Considéralo pagado

Lectura bíblica: Mateo 18

Entonces el señor mandó llamar al siervo. "¡Siervo malvado! —le increpó—. Te perdoné toda aquella deuda porque me lo suplicaste. ¿No debías tú también haberte compadecido de tu compañero, así como yo me compadecí de ti?" Y enojado, su señor lo entregó a los carceleros para que lo torturaran hasta que pagara todo lo que debía. Así también mi Padre celestial los tratará a ustedes, a menos que cada uno perdone de corazón a su hermano.

MATEO 18:32–35

Hablé con un hombre al que trataron mal y perdió su negocio. Sucedió hace años, pero él sigue estando enojado con el mundo. Ha estado en tres empresas diferentes, pero no puede mantener un empleo. Está amargado, y cree que le deben algo. Está esperando a que le paguen.

¿Cuál es el problema? Él está en la nómina equivocada.

Tu actitud debería ser: *Dios, tú sabes lo que he pasado; tú has visto cada ofensa, cada herida, cada lágrima; y Dios, no estaré amargado, intentando hacer que la gente me dé lo que no tiene. Dios, lo dejo en tus manos. Sé que tú prometiste que zanjarías mis casos. Dijiste que tú me pagarías el doble por cada injusticia. Por tanto, libero a toda mi familia, a mis amigos, a mis compañeros de trabajo y mis vecinos, y pongo mi confianza y mi esperanza en ti.*

Cuando entras en la nómina de Dios, Él se asegurará de que seas bien compensado. Si liberases a las personas y dejases de pensar que te deben algo, tu vida iría a un nuevo nivel. Puede que te hayan ofendido, y puede que haya sido culpa de ellos, pero no es su culpa que no puedan pagarte.

Si pasas tu vida intentando conseguir de ellos lo que solo Dios puede dar, arruinará esa relación, y lo triste es que llevarás ese mismo problema a la siguiente, y la siguiente, y la siguiente.

Jesús relató una parábola sobre un hombre que debía diez mil talentos (ver Mateo 18:23–35). Y la Escritura dice: "No pudo pagar" (18:25, rv60). No dice que no quería pagar, sino que no pudo hacerlo. No tenía los medios para pagar. Si siempre buscas que las personas te paguen por las ofensas que cometieron, llevarás una vida de frustración.

He visto a más de una persona pasar por un amargo divorcio, comenzar una nueva relación, y después cometer el error de intentar hacer que la nueva persona pague por lo que hizo el anterior cónyuge. Siempre intentan cobrar una deuda, y eso termina arruinando la relación. No castigues a la persona con quien ahora estás casado por algo que sucedió hace años en otra relación. Esa persona no puede pagarte. Entra en la nómina de Dios.

A veces, cuando estoy revisando las facturas veo esas grandes letras rojas que dicen "Pagado". Alguien las ha puesto con uno de esos grandes sellos de caucho. Mira tus cuentas, tus ofensas, como pagadas. En lugar de intentar cobrarlas de quienes te hicieron daño y pensar que te las deben, agarra ese gran sello y marca la cuenta como pagada.

Cuando veas a la persona que te ofendió, pon el sello de pagado en tu imaginación. Es muy liberador decir: "Nadie me debe nada. Puede que me hayan ofendido, puede que me hayan herido, puede que me hayan robado mi niñez, puede que me hayan engañado y me hayan quitado mi dinero, pero no busco que las personas me paguen. Estoy en la nómina de Dios. La buena noticia es que Dios nunca se salta ningún pago".

Marca tu cuenta como pagada. Suéltala. Dios zanjará tus casos. Perdona para poder ser libre. Perdona para que Dios pueda pagarte el doble.

Muchas aerolíneas ahora te cobran por el equipaje. Lo mismo sucede en la vida. Puedes llevar equipaje de un lugar a otro, pero te costará. Puedes llevar falta de perdón, pero te costará la felicidad y el gozo diarios que deseas. Puedes llevar amargura, pero te costará tu paz. Puedes llevar la bolsa del "me deben algo" contigo, pero no es gratis. Si lo haces el tiempo suficiente, habrá un precio bastante pesado. Te alejará de tu destino.

Puede que digas que quienes te han ofendido no merecen ser perdonados. Quizá no, pero tú sí. Si no les perdonas, tu Padre celestial no puede perdonarte a ti. ¿Por qué no sueltas el equipaje? ¿Por qué no marcas algunas cuentas como pagadas?

Tienes que perdonar para poder ser libre para vivir cada día con felicidad en tu corazón.

La oración de hoy

Padre, hoy estoy escogiendo estar en tu nómina. Decido buscarte para que sanes mis heridas y repares el daño que se me ha hecho. Escojo el perdón y declaro que nadie me debe nada porque me has liberado de mi pasado. En el nombre de Jesús. Amén.

El pensamiento de hoy

Si sueltas las ofensas y el dolor y entras en la nómina de Dios, Dios zanjará tu caso. Él enmendará tus ofensas. Él traerá justicia a tu vida. Tú obtendrás lo que mereces, y Dios te pagará el doble de gozo, el doble de paz, el doble de favor y el doble de victoria.

Dios levantará tu cabeza

Lectura bíblica: Números 21

*Después los israelitas partieron del monte Hor, en dirección al Mar
Rojo, para rodear la tierra de Edom, y en el camino el pueblo se
desanimó y murmuró contra Dios y contra Moisés: "¿Para qué nos
hiciste salir de Egipto? ¿Para hacernos morir en este desierto? ¡No
hay pan ni agua, y ya estamos hartos de este pan tan liviano!"
Entonces el Señor mandó serpientes venenosas entre el pueblo, para
que los mordieran, y muchos del pueblo de Israel murieron.*

NÚMEROS 21:4-6, RVC

El pueblo de Israel se dirigía a la Tierra Prometida, pero "en el
camino el pueblo se desanimó" (Números 21:4, RVC). Lo interesante
es que Dios les estaba guiando, y por eso no es que estuvieran realmente perdidos. Sin embargo, se desanimaron tan fácilmente que se
sintieron perdidos.

Poco a poco, se fueron agotando. Eran personas buenas que ama-
ban al Señor, y habían visto grandes victorias en el pasado. En su
interior sabían que se dirigían hacia la Tierra Prometida, pero con el
tiempo perdieron su pasión por la vida.

Finalmente dijeron: "Olvidémoslo. Regresemos a Egipto. Esto no
funcionará".

¿Qué sucedió? Ellos no pasaron la prueba del desánimo.
Independientemente de lo exitoso que seas o de cuántas victorias
hayas ganado en el pasado, tarde o temprano habrá una oportunidad
de renunciar a tu felicidad y desanimarte.

Veo demasiadas personas que han permitido que la vida les agote.
Antes eran alegres, y caminaban con brío en sus pasos; recibían cada
día con emoción. Pero a lo largo del tiempo, han permitido que su
felicidad dé paso al agotamiento. Al igual que una nube oscura, les

sigue dondequiera que van. A menos que aprendan a pasar la prueba del desánimo, eso evitará que obtengan lo mejor de Dios.

Puedes enfrentarte a problemas y reveses, pero recuerda que Dios sigue guiando el camino. Él nos ha dado la fortaleza para estar donde estamos con una buena actitud. Cuando ese espíritu de desánimo llame a la puerta, no tienes que abrir. Tan solo di: "No, gracias. Estoy manteniendo mi gozo. Sé que Dios tiene el control de mi vida, y Él me permitirá ir donde deba ir".

Habrá oposición en el camino hacia tu destino. Puede que tome más tiempo del que habías esperado, y puede que sea más difícil de lo que pensaste. Puedes desanimarte fácilmente y pensar que nunca se solucionará, cualquiera que pudiera ser el desafío. Pero tienes que entender que al otro lado de ese desánimo te espera un nuevo nivel de tu destino. Cuando pases la prueba, siempre habrá ascenso.

Si quieres llegar a ser todo aquello para lo cual Dios te creó, debes estar dispuesto a decir: "He llegado demasiado lejos para detenerme ahora. Puede que sea difícil; puede que tome mucho tiempo; puede que no lo entienda, pero sé esto: mi Dios sigue estando en el trono, y Él hará que suceda lo que prometió".

Ten una mente clara, y decide que a pesar de lo que te salga al encuentro, a pesar de lo mucho que tome o lo imposible que parezca, estás en ello a la larga. No perderás tu pasión. Pasarás esas pruebas de desánimo. Tu victoria ya está en camino.

Al igual que el pueblo de Israel, estás al lado de tu tierra prometida. Tu momento está a la vuelta de la esquina; esa victoria, la realización de ese sueño, conocer a la persona correcta y vencer ese obstáculo.

Dios ya lo ha incluido en su calendario. Él ya ha establecido el momento y la fecha para que suceda.

La oración de hoy

Padre, hoy me sacudo el desánimo, me sacudo la frustración, me sacudo la preocupación y el temor. Confío en que donde estoy es donde se supone que debo estar. Confío en que me estás dirigiendo y guiando al mejor plan para mi vida. En el nombre de Jesús. Amén.

El pensamiento de hoy

Ahora no es el momento de desanimarse. Ahora más que nunca es momento de ser un creyente; es momento de permanecer en fe.

Da un paso de fe

Lectura bíblica: Juan 5

—Levántate, recoge tu camilla y anda —le contestó Jesús. Al instante aquel hombre quedó sano, así que tomó su camilla y echó a andar.

JUAN 5:8–9

Veo demasiadas personas que se desaniman a lo largo del camino. Comienzan bien, pero después se enfrentan a un revés. En lugar de sacudirlo y crear una nueva visión, permiten que la vida les agote y pierden su pasión. Terminan conformándose con menos de lo mejor de Dios.

En la Escritura hay un hombre que hizo eso. No se nos da su nombre, pero fue una de las muchas personas enfermas que estaban en el estanque de Betesda. Había estado enfermo durante treinta y ocho años. Cuando Jesús le vio, entendió que había estado enfermo durante mucho tiempo y le preguntó: "¿Te gustaría ponerte bien?"

El hombre dijo que no podía ponerse bien porque no había nadie que le metiese en las aguas sanadoras del estanque, y estaba demasiado débil para llegar por sí mismo. Jesús le dijo: "Levántate, toma tu lecho, y anda" (Juan 5:1-15, RV60).

El hombre tuvo que tomar una decisión allí mismo. ¿Podría hacer lo que nunca antes había hecho? Estoy seguro de que hubo una batalla en su mente. Había fortalezas que habían estado allí durante años y le habían convencido de que nunca se pondría mejor. Él pudo haber puesto muchas excusas, pero no puso ninguna.

Se atrevió a dar un paso de fe y fue sanado al instante.

La vida puede que te haya debilitado y desanimado a lo largo del tiempo, pero Dios te está diciendo lo que le dijo a aquel hombre. Si quieres ser sanado, levántate. Cree que puedes ir a lugares donde nunca antes has estado. Estírate a una nueva manera de pensar. Estírate a una visión mayor de las posibilidades en tu vida.

La oración de hoy

Padre, gracias por tu Palabra, que alumbra mi camino y edifica mi fe. Hoy declaro que confío en ti y que tomaré un paso de fe en obediencia a ti. Gracias por ayudarme a dejar ir mentalidades limitantes de autoderrota para que pueda esforzarme a entrar a nuevos niveles que tienes preparados para mí. En el nombre de Jesús. Amén.

El pensamiento de hoy

El lugar donde estás no es donde Dios quiere que te quedes. Solo porque tu sueño no haya sucedido en el pasado, no significa que no pueda suceder en el futuro. Si te pones de acuerdo con Dios y te levantas, por así decirlo, Dios tendrá nuevos períodos de ascenso y aumento que llegarán a tu camino.

Dios tiene un plan

Lectura bíblica: Jeremías 29

Porque yo sé muy bien los planes que tengo para ustedes —afirma el Señor—, planes de bienestar y no de calamidad, a fin de darles un futuro y una esperanza.

JEREMÍAS 29:11

Una joven llamada June perdió sus dos piernas en un accidente. Naturalmente, se sentía desgraciada y deprimida; durante cierto tiempo pensaba que no tenía razón alguna para estar viva; no veía nada bueno en su futuro. Pero me encanta lo que hizo. Se refirió a Jeremías 29.11 y dijo: "Dios, aunque yo no tenga ningún plan y esté demasiado abrumada para ver nada bueno, sé que tú tienes planes que son buenos, para darme un futuro y una esperanza".

Si alguna vez te encuentras abrumado y no ves nada bueno en tu futuro, te alentaría a que hicieras lo que hizo June y te pusieras de acuerdo con Dios, diciendo: "Dios, sé que tú tienes un buen plan. Tú tienes un propósito para mí. Tú tienes días más brillantes preparados para mí más adelante".

A veces, cuando estamos siendo probados por el desánimo, parece que Dios está en silencio. Oramos y no escuchamos nada. Leemos la Escritura y seguimos con el sentimiento de que Dios está a un millón de millas de distancia. Pero recuerda que es una prueba. Cuando estás en la escuela, los maestros nunca hablan durante las pruebas. Se quedan de pie delante de la clase en silencio, tan solo observando a todos los estudiantes que realizan la prueba.

Los maestros te han estado preparando en los días y semanas anteriores a la prueba. Con frecuencia, han empleado horas extra para asegurarse de que todos tengan la oportunidad de tener éxito. El día de la prueba, quieren ver si has aprendido las lecciones; ellos saben que tienes la información que necesitas, y saben que estás preparado. Tú estás preparado. Ahora lo que tienes que hacer es poner en práctica lo que has aprendido.

Dios no está furioso contigo cuando permanece en silencio; no te ha dejado. Su silencio es una señal de que Él tiene gran confianza en ti. Él sabe que tienes lo que se necesita; sabe que pasarás la prueba victoriosamente, o Él no te habría permitido ser probado.

La clave es permanecer animado, y no estar desanimado o amargado. Pon en práctica lo que has aprendido. Permanece en fe; aférrate a tu felicidad; trata a otros con amabilidad; sé una bendición. Si haces eso, pasarás la prueba y prosperarás en un nuevo período. Dios sacará cosas de ti que tú ni siquiera sabías que tenías. Has de entender que si no permites que el enemigo te desaliente, una de sus mejores armas habrá sido perdida.

Hoy es un nuevo día. Dios está soplando nueva esperanza en tu corazón y nueva visión en tu espíritu. Él es la Gloria y el que levanta nuestra cabeza. Alza tu vista con una nueva visión, y Dios hará por ti lo que le prometió a David. Él te sacará del pozo; Él pondrá tus pies sobre una roca. Él pondrá una nueva canción en tu corazón. No te arrastrarás por la vida derrotado y deprimido; volarás por la vida lleno de gozo, fe y victoria.

La oración de hoy

Padre, gracias por el buen plan que tienes para mi vida. Incluso cuando no entienda las cosas, decido poner mi esperanza y confianza en ti. Ayúdame a pasar la prueba del desánimo y vivir en el gozo y la victoria que tú has planeado. En el nombre de Jesús. Amén.

El pensamiento de hoy

Dios obra del mismo modo que lo hacen tus maestros aquí en la tierra. Cuando Él está en silencio, no supongas que te ha abandonado, pues Él está a tu lado durante la prueba. El silencio solamente significa que Dios te ha preparado, y está observando para ver si has aprendido. Él no te pondría la prueba a menos que supiera que estabas preparado.

DÍA 7

Dios tiene la solución

Lectura bíblica: Mateo 5

*...su Padre que está en los cielos, que hace salir su sol sobre malos
y buenos, y que hace llover sobre justos e injustos.*

MATEO 5:45, RVC

Una cosa es saber que estás entrando en un período desafiante
y afrontando una prueba de desánimo. Puedes prepararte mentalmente para esas pruebas. ¿Pero y las dificultades que no ves venir?
¿Y los terremotos, tsunamis y tornados de la vida; las enfermedades
inesperadas, las muertes repentinas, los divorcios y otras tragedias y
crisis que nos agarran totalmente desprevenidos y fuera de guardia?
Pueden ser abrumadores, incluso devastadores. Salen de la nada y de
repente nuestras vidas quedan bocabajo.

Nuestra familia ha tenido su parte de esos golpes inesperados,
pero probablemente el más espantoso fue la bomba por correo que
explotó e hirió a mi hermana Lisa en enero de 1990. El paquete con-
tenía una bomba casera con clavos de siete pulgadas (diecisiete centímetros). Lisa lo abrió en su oficina en la iglesia, sosteniéndolo en su
regazo. Milagrosamente, no sufrió heridas graves, sino quemaduras y
cortes menores. Hasta el día de hoy, no sabemos quién envió el paquete que iba dirigido a nuestro padre.

Lisa simplemente estaba abriendo el correo de la mañana, una
rutina diaria. Su vida fue salvada, y no sufrió heridas permanentes,
sin embargo, puedes imaginar cómo aquello cambió su vida. Todos
quedamos afectados hasta cierto grado, pero ella trató con el impacto
físico y, aún más, con el emocional durante muchos, muchos años.
Al final, el poder de su fe la impulsó.

Ella escribió acerca de lo sucedido en su libro *¡Estás hecho para algo más!*

Todos tenemos que tratar tragedias y traumas inesperados. Ser un creyente no te exime de los períodos turbulentos de la vida. La Escritura dice que "el Padre hace llover sobre justos e injustos". Cuando te encuentras afrontando una crisis, es fácil renunciar a tu felicidad, tener temor y desmoronarte, pero tienes que entender que esa crisis no es ninguna sorpresa para Dios. Puede que para nosotros sea inesperada, pero Dios conoce el fin desde el principio. Dios tiene soluciones a problemas que ni siquiera hemos tenido; y Dios no habría permitido esa dificultad a menos que tuviera un propósito divino para ella.

Tienes que recordar que estás en un ambiente controlado. Puede parecer que tus circunstancias están fuera de control, pero el Creador del universo tiene todo el control. Él te tiene en la palma de su mano.

Nada puede suceder sin el permiso de Dios. De hecho, Dios incluso tiene el control de tus enemigos. La Escritura habla sobre cómo Dios hizo que faraón endureciese su corazón y no dejase salir al pueblo. Observemos que Dios *le hizo* que fuese difícil. ¿Por qué? Para que Dios pudiera mostrar su poder de maneras extraordinarias.

El propósito de Dios en las crisis no es tan solo mostrar su poder, sino también mostrar a otras personas lo que Él puede hacer. Si ves esa adversidad como una oportunidad para que Dios muestre su grandeza, Dios te utilizará como ejemplo. Él quiere que tus vecinos digan: "¿Cómo es posible que lo lograse? El informe médico decía 'imposible', pero mírala hoy. Ella está tan fuerte y saludable como puede estar". O: "Le despidieron en el peor momento posible, pero mírale ahora. Tiene un empleo incluso mejor que el anterior".

Dios quiere convertir tu prueba en un testimonio. Por eso Dios te permitirá que afrontes adversidad. Ser un creyente no te hace inmune a la dificultad, pero Dios promete que si permaneces en fe, Él tomará lo que estaba destinado a hacerte daño y lo utilizará no solo para ventaja tuya sino también para mostrar su grandeza a otras personas.

Es cierto que la lluvia cae sobre justos e injustos, pero hay una diferencia. Para el justo, para los creyentes (tú y yo), la Escritura dice que ningún arma forjada contra nosotros prosperará. No dice que los desafíos nunca tomarán forma; en cambio, dice que puedes afrontar dificultades, pero debido a que eres hijo del Dios Altísimo, esas dificultades no prosperarán contra ti. No se llevarán lo mejor de ti, sino tú te llevarás lo mejor de ellas. Cuando Dios te saque, estarás mejor que antes.

La oración de hoy

Padre, gracias por tu mano de protección y provisión sobre mí. Ayúdame a manejar los desafíos inesperados a través de recordar que todavía sigues en el trono y de entender que cada revés es una preparación para que muestres tu grandeza en mí y por medio de mí. En el nombre de Jesús. Amén.

El pensamiento de hoy

Cuando suceda algo inesperado, en lugar de desmoronarte y aterrarte, espera que Dios intervenga y dé la vuelta a la situación. Espera el favor de Dios. Espera su poder sobrenatural.

Solo espera y permite que Dios se ocupe de ello por ti

Lectura bíblica: Romanos 8

Y sabemos que a los que aman a Dios, todas las cosas les ayudan a bien, esto es, a los que conforme a su propósito son llamados.

ROMANOS 8:28, RV60

Un perro mordió a un hombre cuando iba caminando un día. Fue al doctor y descubrió que el perro tenía rabia. Cuando se enteró de que tendría que someterse a una serie de dolorosas inyecciones antirrábicas, el hombre se enfureció.

El doctor le dejó para preparar las inyecciones. Cuando regresó, encontró al hombre escribiendo una lista, y pensó que su paciente estaba escribiendo un testamento.

El doctor le dijo: "Señor, no es tan malo. No morirá usted por esto".

Su paciente dijo: "Esto no es mi testamento. Es una lista de todas las personas a las que estoy planeando morder".

Conozco a personas así. Se encuentran con turbulencias y se enfurecen con el mundo. Esparcen veneno dondequiera que van. No dejes que tú mismo seas así. Cuando aparezcan desafíos inesperados, tu actitud debería ser: *Esto también pasará. Dios me ayudará a manejar esto. Es solo otro paso en el camino hacia mi destino divino.*

José tuvo que tener esa actitud en la Biblia. Constantemente trataba dificultades inesperadas. Él nunca esperó que sus propios hermanos le lanzasen a un pozo y le vendiesen como esclavo. Podría haber dicho: "Dios, esto no es justo. Pensé que tú habías puesto un sueño en mi corazón".

En cambio, José entendió este principio. Sabía que Dios se

ocuparía de la cizaña, y él siguió siendo lo mejor. Nunca esperó que la esposa de Potifar mintiese sobre él e hiciese que le metieran en la cárcel. Nunca esperó que el compañero de celda al que ayudó le diese la espalda.

José recibió un golpe tras otro, y podría haberse amargado y enojado. En cambio, siguió siendo lo mejor, y terminó ocupando el segundo lugar al mando de toda una nación.

Dijo: "Lo que tenía intención de hacerme daño, Dios lo utilizó para mi ventaja" (ver Génesis 50:20).

Puede que en estos momentos estés en uno de tus diez minutos de turbulencia. Tu situación puede parecer muy difícil, pero estoy aquí para decirte: "Esto también pasará".

Dios no te trajo hasta este punto para fallarte ahora. Puede que sea difícil, pero Dios está diciendo: "Sigo teniendo un camino. Soy Jehová-Jiré, el Señor tu Proveedor. Soy Jehová-Rafa, el Señor tu Sanador. Soy El-Shaddai, el Dios que es más que suficiente".

Si esa crisis inesperada que estás afrontando pudiera detenerte, está seguro de que Dios nunca habría permitido que sucediese. Si ese desafío repentino pudiera haberte alejado de tu destino, el Dios Altísimo no lo habría permitido.

Si estás vivo y respirando, aún puedes llegar a ser todo aquello para lo que Dios te creó. No permitas que una crisis te robe el gozo o evite que sigas adelante.

La oración de hoy

Padre, te agradezco por tu fuerza y paz durante las tormentas de la vida. Cuando vengan los desafíos inesperados, ayúdame a no amargarme, sino a recurrir a ti en lugar de ello. Confío en que estás abriendo un camino donde parece que no hay camino mientras sigo haciendo mi mejor esfuerzo con lo que has puesto en mis manos. En el nombre de Jesús. Amén.

El pensamiento de hoy

Nada en la vida es desperdiciado. Dios utilizará incluso tus diez minutos de turbulencia para tu ventaja. Habrás oído el dicho: "Suceden cosas malas a personas buenas". Eso es cierto, pero también es cierto que las personas buenas se sobreponen a las cosas malas y terminan mejor de lo que estaban antes. Dios convertirá tu prueba en un testimonio.

No tengas un espíritu crítico

Lectura bíblica: Tito 1

Para los puros todo es puro, pero para los corruptos e incrédulos no hay nada puro. Al contrario, tienen corrompidas la mente y la conciencia.

TITO 1:15

Una pareja se mudó a un nuevo vecindario, y una mañana mientras estaban desayunando, la esposa miró por la ventana y vio la colada de su vecina tendida para secarse, y se dio cuenta de que estaba sucia. Le dijo a su esposo: "Esa vecina no sabe hacer la colada. Su ropa no está limpia. Me pregunto si alguna vez utiliza detergente".

Pasaban los días y ella hacía los mismos comentarios: "No puedo creer que la vecina no sepa lavar. No puedo creer que lleven esa ropa que se ve tan sucia".

Unas semanas después, la mujer miró por la ventana, y la colada estaba tan limpia y brillante como podía estar. Se quedó muy sorprendida; llamó a su esposo y le dijo: "Mira, cariño, no puedo creerlo. Ella finalmente ha aprendido a lavar. Me pregunto qué sucedió".

El esposo sonrió y dijo: "Cariño, me levanté temprano esta mañana y limpié nuestra ventana".

Lo sucia que parezca la colada de la vecina depende de lo limpia que esté tu ventana. La Escritura dice: "Todas las cosas son puras para los puros" (Tito 1:15). Si no puedes ver nada bajo una luz positiva, si conduces por la autopista y solo ves los baches, si ves solamente los arañazos en el piso y nunca la increíble casa, si solo ves lo que tu jefe hace mal y nunca ves lo que hace bien, entonces mi consejo es que limpies tu ventana.

El problema no es de los demás; tú tienes un problema interior. Es como el hombre que tuvo un accidente mientras conducía al trabajo. Salió del auto y dijo: "Señora, ¿por qué no aprende a conducir? Es usted la cuarta persona que me ha chocado hoy".

En algún momento mírate en el espejo y di: "Quizá sea yo quien necesita cambiar. Si siempre soy crítico, quizá haya desarrollado el hábito de ver lo malo en lugar de ver lo bueno. Si siempre soy escéptico, quizá me haya entrenado a mí mismo para ser cínico y sarcástico en lugar de creer lo mejor. Si siempre encuentro fallos, quizá mi filtro esté sucio. Quizá me haya vuelto farisaico y condenador en lugar de conceder a la gente el beneficio de la duda".

Esto es especialmente importante en las relaciones. Puedes entrenarte a ti mismo para ver las fortalezas de las personas, o puedes entrenarte para ver sus debilidades. Puedes enfocarte en las cosas que te gustan de tu cónyuge y ampliar las buenas cualidades, o puedes enfocarte en las cosas que no te gustan y ampliar las características menos deseables que te molestan.

Por eso algunas relaciones tienen tantos problemas. Las personas han desarrollado el hábito de ser críticas; no pueden ver nada bueno. Oí de un hombre que le pidió a su esposa que le hiciese dos huevos, uno frito y otro revuelto. Ella los cocinó y los puso en un plato. Cuando él vio la comida, meneó su cabeza.

Ella preguntó: "¿Qué hice mal? Esto es exactamente lo que pediste".

Él dijo: "Sabía que esto sucedería. Freíste el huevo equivocado".

Algunas personas se han vuelto tan críticas que a pesar de lo que se haga por ellas, nada es correcto. Nunca ven el bien que su cónyuge hace. Han olvidado los motivos por los que se enamoraron, y se debe a que están agrandando las cosas equivocadas.

Comienza a enfocarte en esas cualidades buenas. Toda tu perspectiva está envenenada cuando operas según un espíritu crítico. No comunicarás adecuadamente. No querrás hacer cosas juntos, y eso te afectará en todas las áreas. Tienes que hacer un cambio. Comienza a apreciar las fortalezas de esa persona y aprende a minimizar las debilidades.

Todo el mundo tiene fallos y hábitos que pueden ponerte los nervios de punta. La clave es reconocer lo que tú estás agrandando.

Agrandas las cosas equivocadas cuando permites que el espíritu crítico tome las riendas. Es entonces cuando comenzarás a quejarte de que el huevo frito es el equivocado. Actualmente hay relaciones en las que dos buenas personas están casadas. Tienen un gran potencial, pero un espíritu crítico las separa. Cuando eres crítico, comienzas a quejarte: "Tú nunca sacas la basura. Nunca me hablas. Siempre llegas tarde".

La gente responde a los elogios más de lo que responde a la crítica. La próxima vez que quieras que tu esposo corte el césped, en lugar de quejarte: "¿Por qué nunca cortas el césped, perezoso?", di en cambio: "¿Te he dicho alguna vez que cuando cortas el césped se te ve muy bien ahí fuera, y cuando tus músculos sobresalen por tu camisa y te caen gotas de sudor por la cara te ves muy guapo y atractivo?"

Si le elogias de ese modo, ¡él cortará el césped todos los días!

La oración de hoy

Padre, ayúdame a no tener un espíritu crítico sino a siempre ver lo mejor de la gente y de las circunstancias. Permite que mis palabras sean palabras de vida para que pueda facultar a otros de la manera en que me facultas. En el nombre de Jesús. Amén.

El pensamiento de hoy

Si batallas en esta área, haz una lista de las cualidades que te gustan de tu cónyuge. Anota las cosas buenas que hace tu cónyuge. Puede que no sea un estupendo comunicador, pero es un gran trabajador. Anótalo. Puede que ella tenga algunas debilidades, pero es una madre estupenda. Es inteligente; es divertida. Incluye eso en tu lista y léela cada día.

Concede el beneficio de la duda

Lectura bíblica: Proverbios 15

La lengua que brinda consuelo es árbol de vida; la lengua insidiosa deprime el espíritu.

PROVERBIOS 15:4

La mayor parte del tiempo, si alguien no se comporta de modo adecuado y normal hay una muy buena razón. No sabemos lo que sucede detrás de la puerta. No sabemos el sufrimiento o el dolor que la persona pueda estar soportando. Quizá esté haciendo lo mejor que puede tan solo para seguir adelante, y lo último que necesita es que alguien eche otra carga sobre él o ella. Dios pone a personas como esas en nuestra vida no para ser juzgadas, condenadas o criticadas. Dios las pone ahí para que podamos ayudarlas a que regresen a la sanidad.

¿Dónde están los sanadores? ¿Dónde están las personas sensibles que reconocen cuando alguien está sufriendo? ¿Quién dará un paso y dirá: "Puedo ver que estás estresado. Puedo ver que no te estás sintiendo bien. ¿Hay algo que pueda hacer para ayudar? ¿Puedo orar por ti? ¿Puedo invitarte a cenar? ¿Puedo visitarte y alentarte?"

Dejemos de juzgar a las personas y comencemos a sanar a las personas.

Estaba yo en un gran supermercado en la fila para la caja, de unas nueve personas, y la joven cajera parecía estar estresada. Era muy seca con las personas, y algunas eran también cortantes con ella a cambio. Ella no tenía reparos en mostrar que no quería estar trabajando.

El ambiente estaba tenso, y empeoró cuando ella tuvo un problema con su caja registradora. Tuvo que llamar al gerente, causando mayores retrasos. Después necesitó comprobar un precio en los alimentos de alguien. ¡Estaba tomando tanto tiempo que los plátanos que yo llevaba ya no estaban verdes!

Los clientes que estaban en la fila se quejaban de su mala actitud, lo cual solo pareció hacer que ella fuese más cortante. La cajera no lo hizo bien; no debería haber sido cortante con los clientes, pero sus actos estaban tan fuera de línea que yo sabía que había algo más que le molestaba.

Había obviamente un problema más profundo que el estrés en el trabajo. Decidí ser parte de la solución en lugar de ser parte del problema.

Cuando finalmente llegó mi turno para pagar, le sonreí y le alenté.

"Oiga, puedo ver que está usted estresada por algo y la gente lo está agudizando, pero estoy aquí para decirle que cualquiera que sea el problema, se solucionará. Todo saldrá bien. Dios la tiene en la palma de su mano, y Él sabe lo que usted está pasando. Él tiene la solución".

Corrieron grandes lágrimas por sus mejillas. Al principio le resultó difícil decir algo y se mordía los labios, pero entonces salieron las palabras.

Ella dijo: "Mi bebé está en St. Joseph, en el hospital, y he estado muy preocupada. Entonces ayer despidieron a mi esposo. No sé cómo vamos a salir adelante".

Se me conoce por ofrecer una oración en todo tipo de situaciones, pero aquella era mi primera vez en la línea de la caja de un supermercado.

Le dije: "Permítame orar por usted".

Justamente allí, en la caja rápida, oramos. Cuando terminamos, la señora que estaba detrás de mí fue por detrás y le dio un gran abrazo a la cajera.

Un hombre que estaba en la fila dijo: "Una buena amiga mía es la enfermera en jefe de ese hospital. Le llamaré y le pediré que vea a su bebé".

Toda la atmósfera cambió porque cuando escuchamos su historia, lo entendimos. En lugar de verla con una mirada crítica, la miramos con ojos de amor. En lugar de responder a su grosería, respondimos a su tristeza y su preocupación. Lo entendimos y nos compadecimos después de entender por qué ella estaba tan tensa.

Antes de irme, ella dijo: "Nunca sabrá lo que esto ha significado para mí".

La oración de hoy

Padre, ayúdame a darle a las personas a mi alrededor el beneficio de la duda. Ayúdame a ver a otros con ojos de amor y compasión. Permite que mis palabras sean palabras de vida para levantar al caído y ayudar al dolido. En el nombre de Jesús. Amén.

El pensamiento de hoy

Hoy, escucha tu corazón. Toma tiempo para estar quieto y en silencio delante del Señor. Permítele enseñarte qué decir. A medida que sometas tus palabras y tus caminos a Él, Él dirigirá tu camino.

Ayuda a quienes sufren

Lectura bíblica: Mateo 7

Por sus frutos los conocerán.

MATEO 7:16

Cuando yo era pequeño y asistía a la iglesia de mi padre, había un miembro de la congregación al que llamábamos "el bailarín". Ese miembro de la congregación tenía unos treinta años, y siempre danzaba durante el servicio. En cuanto la música comenzaba, él se ponía de pie, extendía sus brazos y danzaba sin ninguna inhibición. Yo tenía unos diez años, y me sentaba con mis amigos burlándome de aquel hombre. Sencillamente pensábamos que él era muy extraño. Incluso le buscábamos antes del servicio para saber dónde sentarnos y tener una buena vista de su baile. Hacíamos una descripción paso a paso cuando comenzaba la música. "¡Ahí van sus manos! ¡Ahí van sus piernas!"

Sencillamente no podíamos entender por qué él se emocionaba tanto, por qué danzaba. Mi padre, siendo el hombre que era, un domingo llamó a aquel hombre a pasar a la plataforma y le pidió que contase su historia.

Puedes estar seguro de que nuestros jóvenes oídos estaban sintonizados. Finalmente, descubrimos lo que le hacía ser tan extraño, el motivo de que danzase todo el tiempo en la iglesia. Nuestras actitudes y nuestras perspectivas cambiaron a medida que él hablaba. Explicó que nunca había conocido a su padre, y que su madre se había suicidado a temprana edad. Él había crecido con enojo y amargura, sin dirección alguna ni propósito.

Dijo que siempre se había sentido perdido y solo hasta que encontró la Iglesia Lakewood. En nuestra iglesia había sentido un sentimiento de pertenencia por primera vez, y se sentía querido y apoyado.

Aquel ánimo le ayudó a cambiar por completo su vida. Encontró un buen empleo y se casó con una mujer que le quería. La iglesia de mi padre le dio el fundamento que había faltado en su vida, algo sobre lo que él podía construir y sacar fuerzas.

Dijo: "Cuando pienso en todo lo que Dios ha hecho por mí, no puedo quedarme quieto, y mis brazos se levantan. Cuando comienza la música, mis piernas comienzan a danzar. Estoy tan feliz que tengo que dar alabanza a Dios".

Cuando mis amigos y yo oímos su historia, nos sentimos muy pequeños; nunca volvimos a burlarnos de él. Aprendimos que cuando uno se imagina en el lugar de otra persona, cuando escucha la historia completa, obtiene una perspectiva nueva y más profunda.

¿Podría ser que la persona a la que has estado juzgando tenga una buena razón para ser como es? Quizá tenga una adicción; tú eres tentado a descartarle, a ser crítico, ¿pero te has imaginado poniéndote en su lugar? ¿Sabes cómo fue educado? ¿Sabes qué batallas ha luchado?

La mayoría de las veces no conocemos todos los hechos sobre las personas a las que juzgamos y criticamos. Incluso si ellos están equivocados, Dios no nos puso aquí para que les condenemos. Necesitan nuestra misericordia, nuestro perdón y nuestra comprensión para regresar al camino correcto. Ser duros y críticos no produce sanidad. Así no levantamos a las personas; tan solo las aplastamos más.

La oración de hoy

Padre, hoy dejo ir ideas preconcebidas acerca de las personas en mi vida. Decido amar. Decido comprender. Escojo la misericordia, el perdón y la compasión para ayudar a otros a avanzar en el camino a la victoria. En el nombre de Jesús. Amén.

El pensamiento de hoy

La Escritura dice que la gente conocerá a los verdaderos cristianos por su fruto. Otros están viendo la manera en que los cristianos viven su fe, y uno de los mejores testimonios que pudiéramos tener es ser simplemente buenas personas. Si te levantas cada día y te enfocas en cómo puedes ser una bendición y no solo en cómo puedes ser bendecido, Dios satisfará tus propias necesidades a medida que satisfagas las de otros. Dios satisfará todas tus necesidades en abundancia.

Sé aquel que aligera la carga

Lectura bíblica: Proverbios 11

El que es generoso prospera; el que reanima será reanimado.

PROVERBIOS 11:25

Teddy era un alumno de quinto grado que batallaba en la escuela. No participaba; era malhumorado y difícil de tratar. Su maestra, la Sra. Thompson, siempre decía que quería a todos sus alumnos, pero más adelante admitió que al principio no se había interesado por Teddy. Ella no podía entender por qué él estaba tan desmotivado y nada dispuesto a aprender.

En Navidad, los alumnos le llevaron regalos a la Sra. Thompson para que ella los abriera delante de toda la clase. La mayoría estaban envueltos en bonito papel de regalo con brillantes lazos, pero el regalo de Teddy estaba envuelto en papel marrón procedente de la bolsa de una tienda. Cuando ella lo abrió, vio un brazalete muy sencillo al que le faltaban la mitad de las piedras que llevaba, además de un bote de perfume barato que estaba medio vacío.

Algunos de los alumnos se rieron del regalo de Teddy, pero la Sra. Thompson les hizo callar y actuó como si le gustase, poniéndose algo del perfume y también el brazalete en su muñeca. Entonces levantó la mano y dijo: "Oh, es muy bonito".

Después de la clase, Teddy se acercó a la maestra y le dijo con voz suave: "Sra. Thompson, ese brazalete se ve tan bonito en usted como se veía en mi madre. Y con ese perfume usted huele como ella olía".

Cuando Teddy se fue, la Sra. Thompson fue a los archivos para descubrir más cosas sobre su familia. Encontró los documentos, y leyó: "Primer grado: Teddy se muestra prometedor pero tiene una situación familiar muy mala. Segundo grado: Teddy podría ir mejor pero su madre está muy enferma. Tercer grado: Teddy es un buen muchacho pero distraído. Su madre murió este año. Cuarto grado: Teddy aprende con lentitud. El padre no muestra señal alguna de interés en él".

Después de leer los informes, la Sra. Thompson se secó las lágrimas y dijo: "Dios, por favor perdóname".

A la mañana siguiente cuando los alumnos acudieron a clase, tenían una nueva maestra. La Sra. Thompson se había convertido en una persona nueva. Ella intercambió sus ojos críticos por ojos de amor. Había llegado a entender por qué Teddy estaba tan distraído y desmotivado.

Ella convirtió al muchacho en su proyecto personal, mostrándole amor y aliento, siendo su tutora y su mentora. La compasión y aceptación de la Sra. Thompson cambió el curso de la vida de Teddy. Años después de que él pasase a la secundaria, la maestra recibió una carta de su exalumno: Teddy.

"Sra. Thompson, gracias por todo lo que usted hizo por mí en la escuela. Estoy a punto de graduarme de secundaria como segundo de mi clase".

Cuatro años después, otra carta: "Sra. Thompson, gracias de nuevo por todo su apoyo hace años. Estoy a punto de graduarme de la universidad como el primero de mi clase".

Después llegó una última carta. "Sra. Thompson, gracias. Ahora soy el Dr. Teddy. Acabo de graduarme de medicina. También estoy a punto de casarme, y quería saber si vendría usted a la boda. Me gustaría que usted se sentase donde mi madre habría estado si aún estuviera viva".

Qué gran diferencia se marca en tu felicidad y en el gozo de otros cuando tomas tiempo para oír las historias de los demás. Es fácil ser crítico; es fácil descartar a las personas. Pero estoy convencido de que, al igual que la Sra. Thompson, si haces el esfuerzo para descubrir cuál es la situación, será mucho más fácil mostrar misericordia.

Asegúrate de ver a las personas con ojos de amor y no con ojos de juicio. No seas crítico, y no descartes a las personas, sino concédeles el beneficio de la duda. Ve la milla extra. Considera que podrían estar atravesando dificultades increíbles y están haciendo lo mejor que pueden. Sé una persona que ayuda a aligerar la carga.

Lo único que algunos necesitan es una sola persona que dé un paso o les tienda una mano. Tú puedes ser la Sra. Thompson en la vida de alguien. Tú puedes ser quien marque la diferencia. Toma interés en ese compañero de trabajo que está tan desalentado. Descubre qué sucede con ese familiar que ha perdido su pasión.

Tú puedes ser el catalizador del cambio. Si ves a las personas con ojos de amor y no las juzgas, vivirás como un sanador, levantando a los caídos y restaurando a los quebrantados. Déjame asegurarte que cuando ayudas a otros a elevarse, Dios se asegurará de que tú asciendas. Él derramará sus bendiciones y su favor.

La oración de hoy

Padre, gracias por tu gracia y misericordia en mi vida. Te rindo cada área de mi vida y te invito a usarme para ayudar a otros. Enséñame a ser generoso con mi tiempo, recursos y aliento para que puede refrescar y fortalecer a otros siempre. En el nombre de Jesús. Amén.

El pensamiento de hoy

Hoy, busca a alguien para ser una bendición para él. Al dar el paso y refrescar a otros, a medida que vivas una vida de generosidad, serás refrescado y experimentarás la bendición de Dios en tu propia vida a cambio. Refrescar a alguien puede ser tan sencillo como una sonrisa o una palabra de aliento. No esperes a tener ganas de hacerlo; ¡quizá ese día nunca llegue! Hazlo porque la Escritura dice que lo hagamos. Hazlo porque bendice al Señor.

PARTE
V

Ríete con frecuencia

El poder sanador de la risa

Lectura bíblica: Juan 15

Así como el Padre me ha amado a mí, también yo los he amado a ustedes. Permanezcan en mi amor. Si obedecen mis mandamientos, permanecerán en mi amor, así como yo he obedecido los mandamientos de mi Padre y permanezco en su amor. Les he dicho esto para que tengan mi alegría y así su alegría sea completa.

JUAN 15:9–11

Muchas personas están demasiado estresadas para divertirse. Necesitan restaurar el equilibrio. Solo trabajo y nada de diversión no es sano. Desarrollar el sentido del humor y buscar oportunidades para reír puede marcar una gran diferencia en tu calidad de vida. Puede que no seas una persona jovial por naturaleza. Dios nos hizo a todos de modo único. Pero te recomiendo que te entrenes a ti mismo para reírte tan a menudo como sea posible.

La ciencia médica está captando los beneficios de la risa como terapia para pacientes y para mejorar las relaciones paciente-cuidador. Hay incluso un "movimiento de humor en hospitales" que incluye el uso de "cuidados con payasos" para entretener a los pacientes y mejorar su humor. Algunos hospitales ahora tienen "carritos de humor" que son llevados a las habitaciones de los pacientes con películas divertidas en DVD, libros de cómics, juegos y objetos divertidos para proporcionar alivio cómico del estrés y el dolor.

El centro St. Joseph's Medical en Houston, donde yo vivo, tenía una de las primeras de esas "habitaciones del humor" en el país. Son habitaciones especiales apartadas donde los pacientes y sus familias pueden reírse y divertirse sin molestar a los demás. La plantilla del St. Joseph vio que las visitas a la habitación del humor condujeron a que muchos pacientes salieran del hospital antes porque les ayudó a aliviar el dolor y otros síntomas.

Otro hospital tenía un programa de humor en su zona de pediatría. Cuando hubo falta de camas, un hombre deprimido de setenta años que tenía cáncer fue llevado a la zona de pediatría temporalmente. Él se sintió mucho mejor después de estar allí, y pidió estar con los niños la próxima vez que fuese admitido.

Oí de otro hospital que lleva al parque a algunos de sus pacientes permanentes varias horas por semana para que puedan ver jugar a los niños. El propósito original fue sacarlos del hospital y llevarlos a un ambiente más relajado; pero los doctores descubrieron que ver jugar a los niños y oírles reír estimulaba el proceso natural de sanidad del cuerpo.

Solo ver y oír a niños jugar cambió la perspectiva de los pacientes y se recuperaron con mayor rapidez. Si tan solo ver a niños reír y jugar ayuda a producir sanidad, gozo y una mejor actitud, imagina lo que reírte y jugar puede hacer por ti.

La oración de hoy

Padre, gracias por el poder sanador de la risa. Ayúdame a soltar el estrés y aprender a ser gozoso todos y cada uno de los días. Dame sabiduría para planear mis días de modo que pueda rejuvenecer mi ser y darte gloria en todo lo que hago. En el nombre de Jesús. Amén.

El pensamiento de hoy

Como creyentes, tú y yo se supone que somos las personas más felices de la Tierra. Adondequiera que vayamos, deberíamos estar tan llenos de gozo que iluminemos su día.

Llena tu boca de risa

Lectura bíblica: Job 8

Pondrá de nuevo risas en tu boca.

JOB 8:21

Oí una historia sobre Joey Grimaldi, comediante a principios del siglo XIX que siguió haciendo reír a la gente durante sus cuarenta años de carrera. Joey era conocido por convertir a multitudes enojadas en audiencias que aplaudían, pero él mismo no era un hombre tan feliz. Era adicto al trabajo. Se sentía presionado a ser siempre cada vez más divertido. Era un perfeccionista, y nunca quedaba satisfecho con sus rutinas o su éxito.

Más adelante en su vida se enfermó, pero siguió actuando. Fue a visitar a un doctor al que nunca antes había visto. Joey había envejecido debido al exceso de trabajo y el estrés autoimpuesto. Ese doctor no reconoció a Joey como el afamado comediante. Después de examinarle, el médico le dijo a su nuevo paciente que no había razón médica alguna para su enfermedad, aparte del estrés debido al exceso de trabajo y una posible depresión.

"No sé cómo se gana usted la vida, pero le sugiero que se tome algún tiempo libre del trabajo y se relaje. Vaya a ver al gran cómico Joey Grimaldi, que está en la ciudad esta semana. He oído que es muy gracioso, y la risa le hará bien".

Joey miró al doctor y respondió con tristeza: "Pero doctor, yo *soy* Joey Grimaldi". Unas semanas después, en marzo de 1823, Joey sufrió un colapso y murió de agotamiento. Tristemente, él podía hacer reír a los demás, pero nunca tomó tiempo para reírse él mismo. No permitas que esa persona seas tú.

La oración de hoy

¡Padre, gracias por llenarme con gozo inefable y lleno de gloria! Declaro que hoy es un nuevo día. Me sacudo lo viejo, me sacudo el estrés y la presión y pongo mi esperanza en ti. Ayúdame a reír, a aligerar mi carga, y a disfrutar la buena vida que has arreglado para mí. En el nombre de Jesús. Amén.

El pensamiento de hoy

Estoy seguro de que habrás conocido a personas estresadas como Joey Grimaldi, que parecen envejecer rápidamente debido a sus desafíos. Cuando estamos estresados, somos serios y gruñones, los productos químicos que Dios pensó para mantenernos jóvenes, para aliviar el estrés, reducir la presión sanguínea y fortalecer nuestro sistema inmunológico, quedan sin utilizar. Dios nos ha dado todo lo que necesitamos para vivir sanos, pero nos corresponde a nosotros apropiarnos de esas cosas mediante la risa y ver el humor que hay en la vida.

Humor para tu salud

Lectura bíblica: Salmos 126

Ahora, Señor, haz volver a nuestros cautivos como haces volver los arroyos del desierto. El que con lágrimas siembra, con regocijo cosecha. El que llorando esparce la semilla, cantando recoge sus gavillas.

SALMOS 126:4–6

Entre otros beneficios médicos la risa también estimula el lado derecho del cerebro, el cual ayuda a la creatividad y la toma de decisiones. Cuando te ríes a carcajadas, activas los tranquilizantes naturales del cuerpo que te calman y te ayudan a dormir mejor. Muchas personas en la actualidad sufren de insomnio, pero quizá reírse más les ayudaría a relajarse y descansar.

Una pobre señora, Virginia, tomaba constantemente tranquilizantes porque no había sido capaz de dormir bien durante mucho tiempo; pero tomaba los tranquilizantes con tanta frecuencia que apenas le ayudaban. Virginia probó diferentes dietas, doctores y hierbas, pero nada parecía funcionar.

Entonces un doctor le dio una receta muy inusual. Le dijo: "Cada noche antes de irse a dormir, vea algo divertido, una película divertida, un video divertido, una comedia divertida, algo que le haga reír".

Virginia siguió su consejo noche tras noche, y dormía cada vez mejor. Finalmente, pudo dejar por completo la medicina para dormir, y descansaba cada noche como un bebé.

¿Qué sucedió? Virginia necesitaba tranquilizantes hechos por el hombre porque no estaba produciendo los tranquilizantes naturales de Dios. Quizá también tú te sentirías mejor si te avivases y te rieses con más frecuencia. Podría ser que tus dolores de cabeza, dolores de espalda, migrañas, dolor crónico o fatiga pudieran aliviarse si jugases, te rieses, y disfrutases más de la vida.

La oración de hoy

Padre, gracias por hacerme tan maravillosamente complejo. Gracias por equiparme con la habilidad de estimular mis tranquilizantes naturales para un mejor descanso y una salud óptima. Ayúdame a reír y a disfrutar la vida con mayor frecuencia de modo que pueda abrazar la plenitud de la bendición que tienes para mí. En el nombre de Jesús. Amén.

El pensamiento de hoy

Cuando tienes un corazón apesadumbrado, cuando la vida te da un golpe difícil, Dios quiere cambiar las cosas a tu favor. No solamente quiere sacarte del problema, quiere sacarte con una sonrisa y mejor de lo que eras antes. ¡Quiere darte victoria y llenar tus brazos de bendiciones! Dios quiere abrumarte con su bondad. Quiere que sientas como si estuvieras viviendo un sueño.

Mantén un corazón alegre

Lectura bíblica: Proverbios 17

El corazón alegre es una buena medicina, pero el espíritu quebrantado consume las fuerzas.

PROVERBIOS 17:22, NTV

Un doctor amigo mío me habló de una mujer con un grave caso de fibromialgia. Este trastorno de orígenes desconocidos causa dolor extendido y crónico por todo el cuerpo. Esa mujer pasaba muchas horas en la cama sufriendo; también tenía fatiga crónica y estaba muy deprimida.

Su doctor trataba el dolor con medicinas, pero sentía que las pastillas solo trataban los síntomas y no la causa. Al hablar con ella, el doctor se dio cuenta de lo deprimida que estaba. Entonces le hizo una interesante pregunta: "¿Cuánto tiempo ha pasado desde que se rió usted a carcajadas?"

La señora tuvo que pensarlo un momento.

Le dijo: "Doctor, no me he reído de ese modo en más de treinta años, desde que era niña".

Él le dijo: "Bien, aquí está su receta. Vea todas las películas divertidas que pueda encontrar. Lea todos los libros de humor que pueda conseguir, y ríase tantas veces como pueda".

Ella siguió su receta y, poco a poco, su alegría regresó. El dolor disminuyó, y su energía fue restaurada. Tres meses después acudió al doctor para hacerse un chequeo. En el momento en que entró en la consulta, él pudo ver la diferencia. Había un brillo en sus ojos, un brío en sus pasos y una sonrisa en su cara.

Ella le dijo: "Doctor, nunca me he sentido tan bien en toda mi vida".

En los meses siguientes, ella siguió riéndose cada vez más. Su risa limpió su cuerpo de cualquier cosa que estuviera causando su dolor.

La oración de hoy

Padre, gracias por darme un corazón alegre y ayudarme a reír todos los días. Gracias por el regalo de la risa que es medicina para mi mente y cuerpo; fortaleciéndome y facultándome para vivir feliz, saludable y sano. En el nombre de Jesús. Amén.

El pensamiento de hoy

Permite que te haga la misma pregunta que el doctor le hizo: ¿Cuánto tiempo ha pasado desde que te reíste a carcajadas? ¿Un día? ¿Una semana? ¿Un mes? ¿Un año? ¿Diez años? Asegúrate de estar tomando tu medicina.

Dios ha arreglado la pelea por tu salud

Lectura bíblica: Salmos 2

El que se sienta como Rey en los cielos se ríe.

SALMOS 2:4, NBLH

Yo sé cuándo he tenido un día difícil y lleno de presiones, pues siento dolor de espalda en el centro de mi columna vertebral. Sé que se debe a la tensión. Para aliviar ese dolor, yo hago lo que te estoy pidiendo que hagas. Juego con mis hijos, y ellos siempre me hacen reír. O veo algo divertido en la televisión.

Invariablemente, después de algunos minutos de risa ese dolor desaparece por completo. Es como si me hubieran dado un buen masaje, pero más barato. La medicina de la risa te ahorrará dinero. ¡No tienes que comprar pastillas para dormir, tranquilizantes y antidepresivos!

Salmos 2:4 dice que Dios se sienta en los cielos y se ríe. ¿Puedes imaginar eso? En este momento, Dios está en el trono. No está furioso, no está preocupado por la economía, ni está molesto contigo y conmigo. Dios está en el trono, lleno de gozo.

Salmos 37:13 explica por qué se ríe. "Pero el Señor se ríe de los malvados, pues sabe que les llegará su hora". En otras palabras, la razón de que Dios se ría es porque Él sabe el final de la historia. Él conoce el resultado final. La buena noticia es que tú y yo ganamos. ¡Dios siempre nos hace triunfar!

Es como si estuviéramos en una pelea arreglada. El resultado está predeterminado por Dios. Imagina que supieras quién ganaría la Super Bowl antes del comienzo. A pesar de lo retrasado que estuviera el ganador final, a pesar de lo mal que se vieran las cosas para ellos, no te preocuparías. Tú tenías información privilegiada; conocías el resultado final.

Esto es lo que Dios está diciendo: cuando la cosa se ponga difícil y parezca que no se solucionará, puedes reírte por fe, sabiendo que Dios ya ha escrito el capítulo final. Dios ya ha anotado la victoria a tu favor.

En la necesidad más desesperada, cuando la cosa se ponga difícil, mira a ese problema a la cara y ríete y di: "Yo conozco el resultado. Dios me ha destinado para ganar. Él ya ha puesto mi nombre en el trofeo. Él ya me ha visto de pie en el podio como ganador".

Dios le dio a Abraham la promesa de que sería el padre de un hijo. En lo natural era imposible, pues él era demasiado viejo. Pero lo primero que hizo Abraham cuando oyó la promesa de Dios fue reírse (ver Génesis 17:17). La suya fue la risa de la fe. Él dijo, en efecto: "Dios, sé que tú puedes hacer que esto suceda. Sé que tú eres un Dios sobrenatural".

Y con mucha frecuencia cuando Dios pone una promesa en nuestro corazón, parece imposible. Quizá estés enfermo y Dios te haya asegurado que volverás a tener salud. O quizá estés batallando económicamente, pero Dios está diciendo que llegarás a la abundancia. Él te prosperará. Quizá tu familia esté apartada. Dios promete sanar los vínculos.

Tu mente puede que tenga dudas, pero recuerda reírte en fe como Abraham, porque es solo cuestión de tiempo el que esas promesas se cumplan. Estás en una pelea arreglada.

Hoy te estoy pidiendo que tengas el hábito de tomar tu medicina regularmente. Cada día, encuentra algún motivo para reír. Busca oportunidades. Si no crees que tengas razones para hacerlo, entonces aprende a reírte por fe. Mantén un corazón feliz y una mente alegre, y disfrutarás más de la vida; aún mejor, sentirás que los tranquilizantes naturales de Dios fluyen en ti.

La oración de hoy

Padre, gracias por la victoria en cada área de mi vida. Así como Tú te ríes conociendo el resultado, ¡escojo reír por fe! Escojo el gozo, escojo la paz y decido confiar sabiendo que mis mejores días están justo frente a mí. En el nombre de Jesús. Amén.

El pensamiento de hoy

Cuando las cosas se pongan difíciles y no parezca como que se van a componer, sabemos que con Dios ¡estamos en el equipo ganador! Hoy puedes reír con Él, sabiendo que Él tiene preparados favor, fuerza y victoria para tu futuro.

Sonríe, y el mundo sonríe contigo

Lectura bíblica: Efesios 4

Más bien, sean bondadosos y compasivos unos con otros, y perdónense mutuamente, así como Dios los perdonó a ustedes en Cristo.

EFESIOS 4:32

Yo sabía que habría un cargo cuando fui al mostrador de la aerolínea para cambiar las fechas de cuatro billetes de ida y vuelta. Después de darle a la agente los billetes, ella confirmó mis temores.

Me dijo: "Serán cincuenta dólares extra por billete".

Yo me reí y sonreí. "Sí, me imaginaba que habría un cargo". Mi reacción pareció sorprender a la agente. "¿Por qué se ríe?", preguntó. "La mayoría de la gente estaría molesta".

Yo respondí: "No sé. Supongo que sencillamente soy una persona feliz".

Ella meneó su cabeza y pasó a trabajar en la computadora. Unos segundos después me entregó mis nuevos billetes y dijo: "No voy a cargarle nada extra. Necesitamos tener más personas felices por aquí".

¡El resto de aquel día fui por todas partes sonriendo y riéndome ante todo aquel que se cruzaba en mi camino!

Imagino que aquella agente de la aerolínea había tratado con todo tipo de personas estresadas y enojadas antes de que yo acudiese a su mostrador. Yo no estaba contento ante la idea de tener que pagar extra por cambiar mis billetes, pero había decidido que la agente de billetes no establecía las reglas, y por eso ¿por qué tendría que tratar ella mi infelicidad? Tomé la decisión de tratarla con buen humor.

¿Hay siempre un resultado por llevar una sonrisa en lugar del ceño fruncido? Sí lo creo. Como mencioné anteriormente, disfrutarás de una mejor salud con un enfoque positivo de la vida, y también atraerás a más amigos, partidarios, alentadores y personas que te deseen el bien.

La oración de hoy

Padre, hoy propongo en mi corazón dejar que el gozo dentro de mí se muestre en mi rostro. Decido sonreír, compartir vida y amabilidad adondequiera que voy. Gracias por equiparme para ser tu representante y sembrar semillas de vida y victoria adondequiera que voy. En el nombre de Jesús. Amén.

El pensamiento de hoy

Siempre deberíamos estar a la caza de maneras en que podemos ser amables con los demás. ¿Puedes compartir una sonrisa con alguien o una palabra de ánimo? ¿Puedes ayudar a satisfacer una necesidad? Recuerda: como creyente tú eres las manos y los pies de Jesús en esta Tierra. Busca maneras de servir a los demás. Siembra una semilla y observa la cosecha de bendición en tu propia vida de vuelta.

Una sonrisa derriba los muros

Lectura bíblica: Salmos 126

Nuestra boca se llenó de risas; nuestra lengua, de canciones jubilosas.
Hasta los otros pueblos decían: "El Señor ha hecho grandes cosas por
ellos".

SALMOS 126:2

El humor atrae a personas y las une unas con otras. Esa es una de las razones de que yo comience cada servicio con una broma. Eso hace a las personas más receptivas. Cuando yo era pequeño, la iglesia de mi padre realizaba un banquete de Navidad anual en el salón de baile de un hotel en Houston en el centro comercial Galleria. Mil personas asistían a esos banquetes.

Cada año, lo destacado de nuestro banquete de Navidad era un video de quince minutos de meteduras de pata o de cosas divertidas que habían sucedido en la iglesia. Mostrábamos imágenes de personas durmiendo y bostezando durante los sermones de mi papá. Podríamos tener otras imágenes de niños dando guerra que poníamos en cámara lenta. Después editábamos juntas varias imágenes de los sermones de mi padre, pero le hacíamos decir cosas divertidas, o acelerábamos la velocidad y hacíamos que repitiera la misma frase una y otra vez de modo que sonaba como un artista de rap.

La audiencia se reía durante quince minutos sin parar, y seguía riéndose cuando terminaba el show y se encendían las luces. Nunca olvidaré que toda la plantilla de camareros del hotel salía para ver ese video. Las camareras, las cocineras y los ayudantes de camarero se alineaban contra las paredes alrededor del salón para reírse con nosotros.

Ya que el hotel formaba parte de un centro comercial, también los compradores oían las risas. Unos minutos después, había doscientas personas reunidas ante las puertas, mirando y disfrutando de la diversión.

De vez en cuando, oíamos de un miembro de la congregación que fue a comprar al centro comercial y encontró un lugar de adoración con nosotros, gracias a nuestra capacidad de reír y divertirnos a la vez que éramos fuertes en nuestra fe. Supongo que no es ninguna sorpresa que los programas de meteduras de pata sean tan populares en la televisión. Año tras año, mientras que otros programas más elaborados y más sofisticados desaparecen, la gente sigue viendo este tipo de programas porque son muy divertidos.

Según Salmos 126:2, Cuando estás lleno de risas, otros lo observan. No solamente le trae honra a Dios, sino que tu buen ejemplo atrae a las personas a ti.

La oración de hoy

Padre, gracias por el gozo y la risa que levantan mi corazón y los corazones de los que están a mi alrededor. Ayúdame a traerte honra a través de permanecer gozoso y lleno de fe. Déjame siempre ser la luz que atrae a la gente a tu bondad. En el nombre de Jesús. Amén.

El pensamiento de hoy

Estar dispuesto a reírte de ti mismo y de los altibajos de la vida puede que sea uno de los mayores dones que puedas tener. Todos hemos conocido a personas que lanzan cosas cuando cometen errores. Algunos lanzan palos de golf; otros lanzan sus bates y sus cascos. No es nada divertido estar alrededor de estas personas. Pero a la gente le encanta pasar tiempo con la persona que es de fácil trato y se ríe de sus errores.

Enciérrate en la risa

Lectura bíblica: Salmos 30

Tú cambiaste mi duelo en alegre danza; me quitaste la ropa de luto y me vestiste de alegría.

SALMOS 30:11, NTV

Cuando nos trasladamos al anterior Compaq Center, los muchachos de seguridad me dieron una llave de la zona trasera donde estacionamos nuestros vehículos. Aquella era una llave con un aspecto muy extraño. Era pequeña y rectangular, un poco gorda, y de plástico. Yo no había visto nada igual antes. Fui a probarla a la puerta, pero no pude descubrir dónde insertarla. No había espacio para ella. Intenté que encajase en el espacio del pomo de la puerta, pensando que quizá se abriría más y la llave se encajaría. No hubo suerte.

Después de diez minutos de probar, me rendí y fui a la caseta de seguridad, y le dije al guarda que no sabía cómo abrir la puerta.

Él se ofreció a ir a la zona de estacionamiento y enseñarme. Por tanto, le entregué la llave y fuimos hasta allí. Cuando llegamos a la puerta, él extendió su mano hacia el lado y tocó un panel electrónico. ¡Yo ni siquiera sabía que eso estaba ahí!

Cuando él tocó el panel, la puerta se abrió automáticamente porque la "llave" que él me había dado le enviaba una señal electrónica, al igual que el mando de un garaje o de un vehículo.

Cuando le dije al guarda cómo había intentado yo utilizar la llave en el pomo de la puerta, él se rió sin parar. Yo pensé: *Me alegro de que piense que yo sea tan divertido, ¡porque va a extrañar trabajar para nosotros!*

Habrás oído el dicho: "Si no puedes vencerlos, únete a ellos". Yo termine riendo más que él. La vida se disfruta mucho más cuando no nos tomamos demasiado en serio y podemos reírnos de nuestros errores.

La oración de hoy

Padre, gracias por las bendiciones maravillosas que me has dado en esta vida. Ayúdame a tener un corazón alegre y tener la intrepidez de reírme de mí mismo y de mis errores más que avergonzarme. Ayúdame a mantener mi paz y gozo a medida que aprendo, crezco e incremento en ti. En el nombre de Jesús. Amén.

El pensamiento de hoy

En los tiempos difíciles, es más fácil perder tu gozo. Cuando pierdes tu gozo, pierdes tu fuerza. Cuando no tienes fuerza te arrastras derrotado por el día. Cuando no eres fuerte, vas a ser tierra fértil para enfermedades que no deberías tener. Tu sistema inmune está en un nivel bajo. Estás cansado. Estás preocupado. Agotado. Dios dice: "Tengo una solución. En las dificultades anímate. En la necesidad más desesperada, ríete. Mantén tu gozo". Creo que puedes abrirte paso a la victoria riendo. Puedes tener una mejor salud riendo. Puedes obtener más energía riendo.

Envuélvete en humor

Lectura bíblica: Mateo 25

Estuve desnudo, y me cubristeis.

MATEO 25:36, RV60

El otro día estaba desayunando a solas en la habitación de un hotel, y cuando terminé saqué el carrito del desayuno al pasillo para que pudieran recogerlo. Me olvidé hasta el último momento de que solo llevaba puestos mis pantalones cortos. No eran pantalones de deporte, sino ropa interior.

Ya había abierto la puerta y había sacado hasta la mitad el carrito cuando me di cuenta. Miré por el pasillo y no había nadie allí, así que empujé el carrito hasta sacarlo del todo, pero las patas traseras se quedaron atascadas en el marco de la puerta.

Yo tenía que levantar la parte de atrás del carrito, sacarlo de la habitación, salir al pasillo y empujarlo contra la pared.

Mientras hacía eso oí un *clic*.

Fue el sonido de la puerta de mi habitación que se cerraba con llave, conmigo en ropa interior aún en el pasillo.

Mi corazón se derrumbó.

Vi un carrito de la limpieza unas cinco puertas más lejos. Corrí hasta él todo lo rápido que pude, agarré una toalla y me la puse por la cintura. La señora de la limpieza salió, y le pregunté si ella podía abrirme la puerta de mi habitación.

Ella dijo: "Necesito su identificación para eso".

Respondí: "No tengo mi cartera, está en la habitación".

Ella sonrió y dijo: "Sabe, se ve diferente en la televisión".

Entonces amablemente me abrió la puerta.

Cuando suceden cosas poco afortunadas, asegúrate bastante de encontrar el lado gracioso de la situación y ríete de ti mismo.

La oración de hoy

Padre, gracias por cubrirme sin importar las situaciones extrañas que pueda enfrentar. Ayúdame a siempre recordar que el humor tiene el poder de sanar la vergüenza. Ayúdame a mantener la perspectiva correcta y ayúdame a buscar la oportunidad de reír todos y cada uno de los días. En el nombre de Jesús. Amén.

El pensamiento de hoy

Cuando te encuentres en situaciones embarazosas, algunas veces la mejor manera de salir de ellas es encontrar el lado gracioso y reírte.

Llena tu hogar de buen humor

Lectura bíblica: Génesis 21

Entonces dijo Sara: Dios me ha hecho reír, y cualquiera que lo oyere, se reirá conmigo.

GÉNESIS 21:6, RV60

Yo estoy realmente agradecido de que a mi esposa le encanta reír. Ella mantiene una atmósfera divertida en nuestra casa. Cuando Victoria se ríe, no se ríe para ella misma; no se ríe calladamente. Cuando se ríe, llena toda la casa de alegría.

Su risa es tan contagiosa que yo puedo estar sentado al otro lado de la casa, ocupándome de mis propios asuntos, viendo la televisión, pero cuando la oigo reír, también siento ganas de reír. Poco tiempo después me encontraré a mí mismo riendo tan solo porque ella se está riendo.

Si tienes hijos pequeños, no hay razón para no reír de cada día, no solo de ellos y de sus cosas, sino también con ellos. No te quedes tan atrapado en todas las presiones de la paternidad que no tomes tiempo para disfrutar de tus hijos y ver el humor que hay en lo que hacen.

Cuando Jonathan tenía unos dos años, oí su fuerte grito procedente de su cuarto. Yo sabía que estaba teniendo una pesadilla.

Corrí hasta allí tan rápido como pude, abrí la puerta, y Jonathan estaba sentado en su cama, con sus ojos tan grandes como platos.

"Jonathan, ¿qué pasa?"

Él dijo: "Papá, el Espíritu Santo está debajo de mi cama".

Nuestra hija, Alexandra, es igualmente entretenida. Cuando tenía aproximadamente esa misma edad, yo estaba trabajando en uno de mis mensajes para el fin de semana en la iglesia en una oficina al lado de nuestro cuarto.

Un día, Alexandra entró y dijo:

—Papá, ¿podemos ir a jugar?

—No, Alexandra, ahora no. Pasará otra hora antes de que termine esto.

Ella regresaba cada cinco minutos.

—Papá, ¿ya?

Me preguntaba una y otra vez.

Yo me sentía un poco frustrado con ella, así que finalmente, cuando apareció otra vez en la puerta de mi oficina, le dije: "Alexandra, escucha. Estoy intentando concentrarme. No regreses más, por favor. Iré a buscarte cuando podamos jugar".

Cinco minutos después, se abrió la puerta y esa dulce voz de niña dijo:

—Papá, ¿aún intentas constiparte?

La oración de hoy

Padre, gracias por tu gozo, que es mi fuerza. Ayúdame a llenar mi hogar de risa todos y cada uno de los días. Permite que mi gozo sea contagioso y atraiga a los demás a tu bondad. En el nombre de Jesús. Amén.

El pensamiento de hoy

La risa es una estupenda adición a todos los hogares. El enemigo no puede soportar el sonido de la risa sincera; no puede soportar el sonido de esposos, esposas y familiares que se divierten juntos. Él quiere que haya tanta pelea, tensión y presión que nunca tengamos ningún gozo en nuestros hogares. No caigas en esa trampa. Mantén tu hogar lleno de risa y buen humor todos los días.

Las parejas que se ríen juntas permanecen juntas

Lectura bíblica: Proverbios 20

Evitar la pelea es una señal de honor; sólo los necios insisten en pelear.

PROVERBIOS 20:3, NTV

Los amigos con frecuencia nos preguntan a Victoria y a mí el secreto de un matrimonio sano. Siempre les decimos dos cosas: número uno, respeto. Sé siempre respetuoso, incluso cuando no estés de acuerdo. Y número dos, risa. No dejen nunca de reír juntos. Asegúrate de que tu casa esté llena de gozo y felicidad. Nosotros no tenemos que trabajar en eso; parece suceder por sí solo.

El otro día entré en nuestro cuarto y Victoria estaba en una esquina leyendo algo y dándome la espalda. Yo había llegado a casa mucho antes de lo que había planeado. Me di cuenta de que ella no me había oído entrar. Debatí si decir algo o no, pero en cambio decidí esperar calladamente a que ella notase que yo estaba allí. Pensé que eso podría ser mejor que asustarla.

Cuando ella se giró y yo estaba allí, ella debió de haber dado un salto de un metro en el aire. Sé que dicen que las personas de raza blanca no saben saltar, pero Victoria lo hizo.

Tenía una expresión de asombro en su cara, y yo no pude evitar reírme sin parar.

El problema es que trataba de dejar de reír, pero entre más me esforzaba me daba más risa. Después de un minuto o dos de verme reír, finalmente Victoria cedió y comenzó a reírse también.

Para entonces, yo ya me había recuperado.

Yo había terminado, pero ella no podía dejar de reír.

Es fácil permitir que las presiones de la vida nos agobien y nos preocupen. Te aliento a mantener la risa en tu casa. Recuerda: la pareja que ríe junta, permanece junta.

La oración de hoy

Padre, gracias por relaciones saludables llenas de gozo. Ayúdame a siempre pasar por alto la ofensa y fomentar la risa diariamente. Dame oportunidades para aligerar la carga de las personas que amo. Gracias por usarme para compartir esperanza y amor adondequiera que voy. En el nombre de Jesús. Amén.

El pensamiento de hoy

¿Recuerdas las cosas que les gustaba hacer juntos, la diversión y la risa que hacían que siempre quisieran estar juntos? Olvida lo que les esté separando. Regresa a la risa que te hacía querer pasar de estar soltero a ser una pareja.

Desata risa sin restricciones

Lectura bíblica: Génesis 26

Y volvió a abrir Isaac los pozos de agua que habían abierto en los días de Abraham su padre, y que los filisteos habían cegado después de la muerte de Abraham; y los llamó por los nombres que su padre los había llamado.

GÉNESIS 26:18, RV60

En el Antiguo Testamento, los enemigos tomaban ciudades rivales cegando los pozos que proporcionaban agua a los residentes. Llenaban los pozos de piedras, y eso forzaba a las personas de las ciudades a salir de la protección de los muros de la ciudad en busca de agua. El enemigo entonces los atacaba.

Tú y yo tenemos pozos de gozo en nuestro interior. Cuando éramos niños, esos pozos fluían sin obstáculo. Jugábamos y nos reíamos, y disfrutábamos de cada momento. Pero con demasiada frecuencia nuestros pozos se quedan cegados a medida que envejecemos. Piedras de desengaño, dolor, falta de perdón, estrés y duda se apilan y bloquean la corriente.

Génesis 26:18 dice: Isaac volvió a cavar los pozos que habían sido anegados después de que su padre, Abraham, murió.

Es interesante, en parte, porque el nombre *Isaac* significa "risa". Dios está diciendo que abras tus pozos con risa para que su bondad pueda de nuevo vivir en su interior.

Cuando uno de nuestros fregaderos se atasca en nuestra casa, compro un desatascador, lo echo en la tubería y espero quince minutos. Cuando regreso, el fregadero está desatascado. La risa funciona como el desatascador. Limpia cualquier cosa que esté cegando nuestra vida. Cuando te ríes regularmente, es como si estuvieras limpiando esas tuberías.

Las instrucciones en la botella de desatascador dicen que se utilice regularmente para mantener las tuberías limpias y sin obstrucciones. Lo mismo es cierto de la risa. Ponla siempre que puedas. Encuentra humor en los momentos cotidianos. Haz que la risa sea un estilo de vida.

Haz que la risa sea parte de tu vida diaria. Cuando lo hagas vivirás con más salud y disfrutarás más la vida.

La oración de hoy

¡Padre, hoy decido destapar los pozos de gozo! Decido ser feliz. Decido sonreír. ¡Decido reírme! Ayúdame a que la risa sea parte regular de mis días para que pueda vivir más saludablemente y disfrutar más la vida. En el nombre de Jesús. Amén.

El pensamiento de hoy

La risa también te ayudará con tus relaciones. Dale la bienvenida en tu hogar. Hazle lugar. Limpia la habitación adicional si tienes que hacerlo. Abre las puertas y las ventanas y permite que llene tu casa.

PARTE
VI

Sé un liberador de sueños

Después de escalar, retrocede

Lectura bíblica: Mateo 7

*Así que en todo traten ustedes a los demás tal y como quieren que ellos
los traten a ustedes. De hecho, esto es la ley y los profetas.*

MATEO 7:12

Michael es un talentoso músico que toca la guitarra para
nuestros servicios en la Iglesia Lakewood. Ha tocado con grandes
músicos de todo el mundo. Está en lo más alto en su campo, y sin
embargo es generoso con su tiempo y comparte sus talentos con
otros. Yo sé bien eso porque Michael tomó a nuestro hijo, Jonathan,
bajo su tutela hace varios años cuando Jonathan expresó interés en
tocar la guitarra.

Nunca pedimos a Michael que enseñase a Jonathan, y él nunca ha
requerido un salario, aunque han estado trabajando juntos hace ya
más de ocho años. Es obvio que Michael es un gran maestro porque
ha ayudado a Jonathan a convertirse en un estupendo guitarrista.

Hay algo más que debes saber sobre Michael y su disposición a
ayudar a otros. Antes de venir a Lakewood, Michael llevaba un estilo
de vida distinto al que lleva en la actualidad. Consumía drogas e iba
a fiestas. Ese estilo de vida lo condujo a problemas, pero Michael ya
no consume drogas ni tampoco sale de fiesta los viernes en la noche.

Ahora él dirige la adoración en nuestras clases "Celebra la recuperación". Michael ha ganado, y ahora está ayudando a otras personas
a ser libres de las adicciones.

Nuestro hijo, Jonathan, siempre recordará que Michael le ayudó
a desarrollar sus talentos como estupendo guitarrista. Dentro de
setenta años, él seguirá recordando: Soy exitoso en parte debido
a Michael. Él me ayudó a ganar; él sacó lo mejor de mí. Cuando

ayudas a alguien a ganar, te conviertes en un amigo de por vida. Siempre tendrás un lugar especial en su corazón.

La oración de hoy

Padre, gracias por los dones, talentos y habilidades que me has dado. Ayúdame a encontrar maneras de compartir estos dones con los demás. Muéstrame formas de tutelar e invertir en las vidas a mi alrededor para que puedan levantarse más alto y ser todo lo que las has llamado a ser. En el nombre de Jesús. Amén.

El pensamiento de hoy

Cuando haces por otros lo que ellos mismos no pueden hacer, nunca carecerás del favor de Dios; nunca carecerás de la bendición de Dios.

Sé un liberador de sueños

Lectura bíblica: Romanos 12

Ámense los unos a los otros.

ROMANOS 12:10

Incluso mientras trabajas para lograr tus objetivos y edificar tu propia vida feliz, asegúrate de utilizar tu talento, tu influencia y tu experiencia para ayudar a quienes te rodean y que necesitan un empujón. No hay nada más satisfactorio que terminar un día con el conocimiento de que has ayudado a otra persona a acercarse a un sueño.

Puede que hayas cumplido tus propias metas para ese día, pero aún mejor, también tomaste tiempo para invertirlo en otra persona. Puede que haya sido solo una llamada telefónica de dos minutos para alentar a un amigo o a un joven, o cinco minutos después del trabajo para ayudar a un compañero de trabajo, o extender una mano para ayudar a un niño con un proyecto escolar.

Cuando miro atrás a mi vida, fuera de mi familia, puedo pensar en cuatro o cinco liberadores de sueños; personas que se tomaron un interés especial en mí. Un entrenador en la escuela de enseñanza media-superior me habló fe. Yo era el más bajito del equipo, pero de algún modo él me convenció de que yo era el jugador más alto y más duro desde Michael Jordan.

Otro liberador de sueños, mi maestro en la escuela dominical, Larry, invirtió en mí. Larry, que sigue asistiendo a la Iglesia Lakewood, nos enseñaba a mí y a los otros muchachos ¡como si estuviéramos prestando atención!

Lo hacía divertido. No solo se ceñía a la lección. Siempre andaba la segunda milla. Ahora puedo decir: "Soy exitoso en parte porque Larry me ayudó a ganar".

Puede que no veas a mi entrenador, o a Larry, o a mis otros liberadores de sueños en la plataforma, pero deja que te diga que están ahí conmigo. Ellos conocían el valor de ayudar a otra persona a tener éxito y encontrar gozo.

Ser exitoso no necesariamente te hace grande; lo que te hace grande es cuando retrocedes y ayudas a otra persona a llegar a ser grande. Grandeza es decir: "Dios me ha bendecido no solo para sentarme en mi trono y dejar que todo el mundo vea mis logros. No, sé que Dios me ha bendecido para convertirme en una bendición. Dios me ha ayudado a ganar para que pueda ayudar a otra persona a ganar".

La grandeza llega a aquellos que dicen: "Dios me ayudó a vencer esta adicción, y ahora encontraré a alguien que sea adicto y le ayudaré a vencer"; "Dios me ha bendecido con una familia feliz y sana. Encontraré a otra familia que esté batallando y les ayudaré a recuperar la dirección"; o: "Dios me ha ayudado a pasar este curso en la escuela secundaria. Ahora iré con mi amigo y le ayudaré a estudiar para que él también pueda aprobar".

La oración de hoy

Padre, gracias por equiparme para ser una bendición para otros. Muéstrame como ser un liberador de sueños y ayudar a otros a levantarse más alto. Ayúdame a utilizar mi influencia para animar a otros y honrarte siempre. En el nombre de Jesús. Amén.

El pensamiento de hoy

No hay nada más gratificante que recostarte en la noche sabiendo que ayudaste a alguien más a mejorar. Toma tiempo cada día para invertir en otros, alentarlos e inspirarlos. Cuando vives como un liberador de sueño, verás tus propios sueños hacerse realidad.

Ayuda a otros a ganar

Lectura bíblica: Hebreos 13

No se olviden de hacer el bien y de compartir con otros lo que tienen, porque ésos son los sacrificios que agradan a Dios.

HEBREOS 13:16

En 1936, los Juegos Olímpicos se realizaron en Berlín, Alemania. Hitler tenía el control, y no quería que ningún atleta de raza negra compitiese, y mucho menos que ganase. Un líder nazi denominó a los negros "no humanos". Hubo un joven atleta negro estadounidense con el nombre de Jesse Owens en la competición. A pesar de los deseos de Hitler, Jesse ya había ganado tres medallas de oro y estaba a punto de competir por la cuarta.

La prueba era de salto de longitud, ahora conocida como triple salto. Jesse sintió hostilidad por parte de quienes le aborrecían en la multitud, y comenzó a perder el enfoque. En su primer intento falló; los jueces dijeron que había pisado la línea antes de saltar. Declararon nulo su salto en su segundo intento.

Otro fallo más y sería descalificado. Aquello estaba fuera de tono para Jesse, pero él había permitido que los gritos y los abucheos de la multitud le afectasen. Ellos seguían abucheándole y gritándole. Él estaba muy nervioso.

El principal rival de Jesse era un alto atleta alemán llamado Luz Long. No se conocían. Jesse pudo haber supuesto que Luz Long, que era un héroe del deporte en su país, era también su enemigo.

Pero delante de cientos de miles de personas, Luz Long hizo lo que parecía impensable en esa situación. Se acercó, puso su brazo sobre el hombro de Jesse Owens y le dio algunos consejos.

Le dijo: "Jesse, la distancia de calificación es solo de veintitrés pies (siete metros). Has saltado veintiséis pies (ocho metros) muchas veces antes. Tan solo retrasa la marca de tu salto tres pulgadas (casi ocho centímetros), y de ese modo te asegurarás de saltar antes de la línea para que no puedan descalificarte".

Jesse aceptó su consejo, y en el siguiente salto se calificó. El afroamericano después batió el récord mundial y ganó su cuarta medalla de oro. Batió a Luz Long en su salto final, pero Long fue el primero en felicitarle.

Jesse Owens más adelante dijo de su liberador de sueños alemán: "Fue necesaria mucha valentía por su parte para ser amigable conmigo delante de Hitler. Pueden fundir todas las medallas y copas que yo tengo, y no formarían un chapado en la amistad de 24 quilates que sentí por Luz Long en aquel momento".

He descubierto que el mayor legado no es lo que dejamos *para* las personas, sino lo que dejamos *en* las personas. Luz Long, quien murió durante la Segunda Guerra Mundial, dejó a Jesse Owens un recuerdo de valentía y amistad que él nunca olvidó; ni tampoco lo hizo el resto del mundo.

La oración de hoy

Padre, por fe te pido la oportunidad de hacer realidad el sueño de alguien más hoy. Dame ideas creativas que muestren tu amor y ayuden a otros a ganar en la vida. Dame tu corazón de compasión, deja que tu gracia fluya a través de mí a medida que aliento a otros a tener éxito. En el nombre de Jesús. Amén.

El pensamiento de hoy

He oído el dicho: "Nadie está tan arriba en su ascenso hacia el éxito que cuando se inclina y baja para ayudar a otra persona". Si vives de modo desprendido y estás dispuesto a dar consejos como Luz Long lo hizo, siempre tendrás las bendiciones de Dios. Cuando seas un liberador de sueños, Dios se asegurará de que tus sueños se cumplan.

Haz el regalo de un sueño

Lectura bíblica: Filipenses 2

Cada uno debe velar no sólo por sus propios intereses sino también por los intereses de los demás.

FILIPENSES 2:4

Shay tenía diez años y tenía una discapacidad física y mental, pero amaba el béisbol. Un día, su padre y él pasaron al lado de un campo de béisbol donde había un grupo de jóvenes de la edad de Shay jugando un partido.

Shay preguntó a su padre: "¿Crees que me dejarían jugar en uno de sus equipos?".

El papá de Shay sabía que él no podría jugar al mismo nivel de los otros muchachos, pero no quería defraudar a su hijo. El padre preguntó a uno de los muchachos que estaba en la caseta de jugadores si Shay podía jugar. El muchacho miró a sus amigos, intentando obtener algún consejo. Finalmente dijo: "Bueno, señor. Quedan solamente dos entradas, y vamos perdiendo por tres carreras. Claro que puede jugar. Le situaremos en el jardín"

Shay estaba muy emocionado. Pasó al campo con alegría, irradiando felicidad. En la última entrada, su equipo perdía por una carrera. Había dos outs, con un corredor en tercera, y era el turno de Shay para batear.

Sus compañeros de equipo pensaron en utilizar a otro bateador con la esperanza de ganar el partido, pero decidieron que no sería correcto dejar fuera a Shay. Le enviaron al pentágono con pocas esperanzas de que pudiese golpear la pelota. Pensaban que ya habían perdido el partido. El otro equipo tenía un pitcher muy bueno.

El pitcher estrella se preparó y lanzó un primer tiro tan rápido que Shay no lo vio llegar. Golpeó tarde y falló por mucho. En ese momento el pitcher notó que Shay tenía algunas discapacidades físicas. . El siguiente tiro lo lanzó casi a la mitad de velocidad que el primero; pero una vez más Shay golpeó y falló.

La siguiente vez el pitcher salió del montículo y se acercó al pentágono. Lanzó la pelota tan suavemente como pudo, y lo creas o no, Shay la golpeó. La bola dribló un metro y medio y se detuvo delante del montículo del pitcher. El pitcher corrió y la recogió.

Solamente por instinto estuvo a punto de lanzarla a la primera base y ganar el partido, pero por el rabillo del ojo vio que Shay batallaba por correr todo lo rápido que podía. El corazón del pitcher venció a sus instintos. Lanzó la bola por encima de la cabeza del primera base al jardín.

El papá de Shay gritó: "¡Corre, Shay! ¡Corre!".

El corredor en tercera base marcó mientras Shay rodeaba la primera y se dirigía a la segunda. A esas alturas todos los otros muchachos sabían lo que estaba sucediendo. El jardinero lanzó la bola por encima de la cabeza del parador en corto. El jugador que respaldaba al parador en corto la dejó pasar entre sus piernas.

Shay rodeó la tercera base, y toda la multitud aclamaba su nombre. Marcó la carrera ganadora mientras su padre observaba con lágrimas. Shay casi explotaba de alegría cuando cruzó el pentágono y sus compañeros de equipo le abrazaron.

El equipo de Shay ganó el partido, pero todos aquellos muchachos se ganaron el favor de Dios aquel día. A veces tienes que renunciar a ganar una cos para ganar otra aún mayor. En este caso, aquellos muchachos del equipo contrario se ganaron un amigo para toda la vida. Le dieron algo a Shay que él nunca olvidará.

A veces tienes que hacer sacrificios para dejar que otra persona se adelante. A veces tienes que detener tus propios sueños temporalmente a fin de poder ayudar a liberar un sueño en otra persona.

Lo que tú hagas que suceda para otros, Dios lo hará suceder para ti. Cuando vivas de modo desinteresado y ayudes a otra persona a adelantarse, Dios se asegurará de que alguien esté ahí para ayudarte a avanzar.

Mi desafío para ti es que hagas de cada día un día Shay. Encuentra alguien en quien invertir, una persona a la que puedas ayudar a subir más alto. No te vayas a la cama sin saber que hiciste algo por otra persona para ayudarla a ganar. Haz florecer esas semillas de grandeza. Haz salir esas semillas de grandeza.

La oración de hoy

Padre, por fe te pido la oportunidad de hacer realidad el sueño de alguien más. Dame ideas creativas que muestren tu amor y que ayuden a otros triunfar en la vida. Dame tu corazón de compasión, permite que tu gracia fluya a través de mí a medida que aliento a otros a tener éxito. En el nombre de Jesús. Amén.

El pensamiento de hoy

Cuando haces por otros lo que ellos mismos no pueden hacer, siempre tendrás el favor de Dios. Lograrás tus sueños, y entonces Dios te llevará cada vez más alto.

Saca lo mejor de otros

Lectura bíblica: 2 Corintios

*Así que somos embajadores de Cristo, como si Dios los exhortara a
ustedes por medio de nosotros.*

2 Corintios 5:20

Un joven que había estado batallando para encontrar dirección
en su vida estaba en su casa de vacaciones de la universidad en 1975.
Visitó el salón de belleza de su madre y encontró a una cliente regular, Ruth Green, a la que estaban peinando. La saludó y se sentó,
pero se puso nervioso porque ella le miraba fijamente.

Finalmente, la Sra. Green levantó el secador de su cabeza y dijo:
"Que alguien me dé pluma y papel".

Ella escribió una visión que había tenido acerca de aquel joven
cuando entró en el salón de su madre. Se la entregó a él y dijo:
"Hablarás a millones. Viajarás por el mundo y marcarás una diferencia positiva".

El joven puso esa profecía en su cartera y en su corazón. En los
años siguientes, siempre que se desalentaba en su carrera como actor,
sacaba la profecía de la Sra. Green. Le recordaba que alguien había
creído en él.

Hasta el día de hoy, Denzel Washington, el actor ganador del
Premio de la Academia sigue llevando esa profecía. Quién sabe
dónde estaría él si la Sra. Green no hubiera tomado tiempo para
bendecir su futuro. Quién sabe si él habría tenido tal éxito si ella no
hubiese plantado aquellas semillas de fe en su corazón. Uno nunca
sabe el impacto que una pequeña nota o una palabra de ánimo puede
marcar.

Podemos sacar lo mejor de las personas o podemos sacar lo peor.
Leí que el setenta y cinco por ciento de las personas que están en

la cárcel dijeron que sus padres o sus tutores habían predicho en su niñez dónde terminarían. Se plantaron las semillas equivocadas. Se establecieron bajas expectativas.

Cuando a un niño se le dice que espere lo peor, el niño se convierte en lo peor. Con frecuencia me pregunto qué habría sucedido si alguien hubiera dicho a esas personas que están en la cárcel que un día podrían llegar a ser doctores, empresarios o grandes maestros. No hay manera de saber dónde podrían haber terminado esos internos si hubiesen tenido edificadores de personas en sus vidas.

Si alguien hubiese creído en ellos y se hubiera tomado el tiempo de sacar sus talentos, escuchar sus sueños, ver aquello en lo que eran buenos y después alentarlos a ser lo mejor que pudieran ser. Si alguien les hubiera dado permiso para tener éxito en lugar de una predicción de que fracasarían.

La oración de hoy

Padre, úsame para hablar vida y bendición sobre la gente a mi alrededor. Dame oportunidades para hacer surgir los sueños del corazón de los demás. Dame intrepidez para compartir las Buenas Nuevas y llevar a la gente por tu camino de bendición y victoria. En el nombre de Jesús. Amén.

El pensamiento de hoy

Considera tu misión el día de hoy hablar fe y victoria a las personas. Haz germinar con tus palabras semillas de grandeza en ellos y ayúdalos a convertirse en las personas que Dios creó originalmente.

Da tus votos de confianza

Lectura bíblica: 1 Tesalonicenses

Por eso, anímense y edifíquense unos a otros, tal como lo vienen haciendo.

1 TESALONICENSES 5:11

Reggie Jackson, el jugador de béisbol del Salón de la Fama, dijo: "Un gran mánager tiene la capacidad de hacer pensar a un jugador que es mejor de lo que es. Te convence de que tengas confianza en ti mismo. Te dice que él cree en ti, y poco después descubres talento que nunca supiste que tenías".

Eso es lo que sucede cuando creemos lo mejor de alguien. Sacamos lo mejor. En la Escritura citada anteriormente, la palabra *animar* sencillamente significa "impulsar hacia adelante". Cada uno de nosotros debería tener alguien en quien creer, a quien está impulsando hacia adelante, a quien está ayudando a lograr objetivos y sueños.

¿Cómo se anima a otra persona? Estudias a esa persona e identificas lo que hace bien. ¿Qué le emociona? ¿Cuáles son sus fortalezas? Un alentador ve cosas en los demás que ellos con frecuencia no ven en sí mismos. Un sencillo elogio, una palabra de aliento, puede dar a una persona la confianza que necesita para dar ese paso de fe.

Incluso Henry Ford se benefició del aliento en sus primeros tiempos, y uno de sus alentadores no fue otro sino Thomas Edison. El pionero de la automoción fue presentado a Edison como "el hombre que intenta construir un auto que funcione con gasolina". Cuando Edison oyó eso, su cara se iluminó; dio un golpe con su puño sobre la mesa y dijo: "Eso es. Un auto que tenga su propia central eléctrica; es una idea brillante".

Hasta ese punto, Henry Ford había tratado con muchas personas negativas y desalentadoras. Acababa de convencerse a sí mismo de tirar la toalla, pero llegó Edison y le habló fe. Aquel fue un punto crucial en la vida de Henry Ford.

En una ocasión dijo: "Pensé que tenía una buena idea, pero comencé a dudar de mí mismo. Entonces llegó una de las mayores mentes que haya vivido jamás y me dio su total aprobación".

Un sencillo voto de confianza ayudó a lanzar la industria del automóvil. No nos damos cuenta del poder que tenemos. No siempre entendemos lo que significa cuando le decimos a alguien: "Creo en ti. Tienes lo que se necesita. Te respaldo al 100 por ciento".

Da tu voto. Da el paso y préstate voluntario para ser el fan número uno de alguien. Aliéntale; levántale cuando esté caído; celebra cuando tenga éxito; ora cuando esté batallando; impúlsale a seguir adelante. Eso es lo que significa ser un edificador de personas.

La oración de hoy

Padre, ayúdame a creer lo mejor de los demás. Ayúdame a siempre utilizar mis palabras para alentar y hablar vida. Gracias por escogerme y usarme para ser un milagro para los demás y traerte gloria. En el nombre de Jesús. Amén.

El pensamiento de hoy

Cada día tenemos oportunidades para mostrar el amor y la compasión de Dios a los demás a través de satisfacer sus necesidades y ofrecerles esperanza y aliento. Te animo hoy a que busques maneras de ser una bendición para alguien más. Cuando te derramas en otros y ayudas a suplir sus necesidades, Dios se asegura de que otros se derramen en ti.

Las palabras amables pueden cambiar vidas

Lectura bíblica: Proverbios 12

Hay quien habla sin tino como golpes de espada, pero la lengua de los sabios sana.

PROVERBIOS 12:18, NBLH

Una adolescente batallaba con la anorexia. Tenía una altura de casi seis pies (un metros ochenta centímetros), pero pesaba menos de cien libras (cuarenta y cinco kilos). No comía más de doscientas calorías por día. Se volvió deprimida y desilusionada, y rompió los vínculos con familiares y amigos. Morir de hambre le parecía una opción razonable porque sentía que ella no tenía propósito alguno.

Un día, una amiga de mucho tiempo de la escuela le llamó y le pidió si podría ayudarle con su tarea de matemáticas. Le rogó que le ayudase, así que la muchacha anoréxica estuvo de acuerdo en hacerlo. Trabajaron juntas en los problemas y después la amiga dijo, solamente de pasada: "Eres muy inteligente y tienes una manera única de explicar las cosas. Serías una estupenda maestra de matemáticas algún día".

Aquel sencillo comentario plantó una semilla en aquella adolescente con problemas. Las palabras alentadoras le dieron un sentimiento de propósito. Entendió que tenía talento, y que tenía algo que aportar a otros. Su perspectiva cambió, y también lo hizo el curso de su vida.

Veinte años después, ella es una madre sana y feliz de tres hijos, y una maestra de matemáticas ganadora de premios que trabaja con niños con bajo rendimiento académico.

Ella da el mérito del giro que dio su vida a las palabras de la muchacha a la que había ayudado con su tarea de matemáticas.

Una sencilla afirmación, un comentario alentador o un poco de elogio puede marcar una inmensa diferencia. Cuando bendices a las personas con tus palabras, les hablas fe. Algo de lo que puedes estar seguro: las personas nunca se cansan de oír elogios y aliento. Puedes seguir hablando y hablando de lo maravilloso que alguien es, ¡y nunca se aburrirá! Eso es prueba de lo mucho que anhelamos el elogio y la dirección en nuestras vidas.

Mark Twain dijo: "Puedo vivir todo un año de un buen elogio". ¿A quién puedes darle el regalo del ánimo? No dejes fuera incluso a quienes parezcan haber logrado más que la mayoría. A todo el mundo le gusta ser apreciado.

Tú tienes la capacidad de ayudar a alguien a pasar a un nivel más alto. Las personas que hay en tu vida no están ahí por accidente. ¿Estás creyendo en ellas? ¿Las estás impulsando hacia delante? ¿Estás proclamando la bendición?

El que saques lo mejor de otros también sacará lo mejor de ti. Recuerda: una palabra alentadora obra maravillas. Sé liberal con tus elogios. Diles a las personas lo que significan para ti. Ten el hábito de edificar a quienes te rodean. Cuando siembres esas semillas, Dios se asegurará de que tú también vayas más alto.

La oración de hoy

Padre, ayúdame a siempre sacar lo mejor de los demás. Ayúdame a bendecir a la gente con mis palabras, a dar el regalo del ánimo y a siempre hablar palabras de vida. Gracias por llenar mi corazón con afirmación de modo que pueda afirmar a los que me rodean hoy y todos los días. En el nombre de Jesús. Amén.

El pensamiento de hoy

Encuentra al menos a una persona a la que puedas edificar. Puedes tener a cuatro o cinco personas diferentes. Escribe sus nombres en una hoja de papel, y enumera lo que te gusta de ellas, sus fortalezas. Ora por eso. Pide a Dios que te muestre maneras de bendecirlas. Después, habla a favor a sus vidas; escríbeles notas alentadoras; hazles saber que crees en ellas. A medida que ellas tengan éxito, también lo tendrás tú.

Renuncia a tu comodidad para consolar a otros

Lectura bíblica: Lucas 10

[Jesús preguntó] ¿Cuál de estos tres piensas que demostró ser el prójimo del que cayó en manos de los ladrones?
—El que se compadeció de él —contestó el experto en la ley.
—Anda entonces y haz tú lo mismo —concluyó Jesús.

LUCAS 10:36–37, ÉNFASIS AÑADIDO

Jesús habló del buen samaritano que iba montado en su asno y vio a un hombre que había sido golpeado y dejado por muerto al lado del camino. Él subió al hombre herido a su asno y le llevó a un lugar donde pudiera recuperarse. Me encanta que el buen samaritano dejase al hombre herido ir en el asno mientras él caminaba, porque a veces para consolar a otros puede que tengas que renunciar a tu propia comodidad. A veces tienes que intercambiar el lugar con quien está sufriendo.

Para ser un sanador, serás incomodado. Podrías tener que perderte la cena a fin de secar unas lágrimas. Podrías tener que saltarte un entrenamiento para ayudar a una pareja a solucionar sus problemas. Puede que hasta tengas que conducir al otro lado de la ciudad y recoger a ese compañero de trabajo que batalla con una adicción y después llevarle a la iglesia.

A un verdadero sanador no le importa la incomodidad, o correr riesgos, en el curso de acercarse a quienes verdaderamente necesitan que le extiendan la mano. Jim Bakker, el ministro caído y copresentador del programa de televisión *The PTL Club*, fue a la cárcel por cinco años condenado por fraude. Cuando estaba a punto de ser puesto en libertad, Franklin Graham, el hijo de Billy Graham, se puso en contacto con él y dijo que su familia había rentado una casa para él y le había proporcionado un auto.

Bakker le dijo: "Franklin, no puedes hacer eso. Tengo demasiado en mi contra. Serás criticado. Tu ministerio puede ser relacionado conmigo".

Franklin le dijo: "Claro que podemos, Jim. Eras amigo nuestro antes, y serás amigo nuestro después".

El primer domingo después de su puesta en libertad, Jim Bakker estaba viviendo temporalmente en una casa de rehabilitación como condición del tribunal. Ruth Graham, la esposa de Billy Graham, llamó a ese lugar y preguntó al hombre que estaba a cargo si Jim podía tener permiso para salir e ir a la iglesia con los Graham aquel domingo. El juez estuvo de acuerdo. Cuando Jim entró en la iglesia, le llevaron hasta la primera fila y se sentó al lado de Franklin Graham.

Los Graham tenían allí a diez o quince familiares. Había dos asientos vacíos cerca de Jim Bakker antes de comenzar el servicio, y él no sabía para quiénes eran. Pero cuando comenzó la música, se abrió una puerta lateral y salieron Billy y Ruth Graham, y se sentaron al lado de Jim Bakker. Él había salido de la cárcel solo cuarenta y ocho horas antes, pero al mundo entero se le dijo que los Graham seguían considerando a Jim Bakker un amigo.

¿Qué estaban haciendo los Graham relacionándose con un delincuente convicto? Le estaban haciendo regresar a la sanidad mediante el amor. Estaban actuando como sanadores.

La oración de hoy

Padre, ayúdame a responder a aquellos en necesidad de la manera que lo hizo el buen samaritano. Ayúdame a siempre encontrar tiempo para mostrar misericordia y amor. Úsame para traer sanidad y restauración a los dolidos. En el nombre de Jesús. Amén.

El pensamiento de hoy

Oí a alguien decir: "Un verdadero amigo entra cuando todos los demás salen. Un verdadero amigo no hace

reproches cuando cometes un error. Ayuda a borrarlo".
Hay una pregunta que tienes que hacerte cuando alguien
a quien conoces se desvía del camino. ¿Estás reprochando
el error o lo estás borrando? ¿Eres un sanador y un
restaurador, o eres crítico?

Sanar a los hijos de Dios

Lectura bíblica: Salmos 145

El Señor es misericordioso y compasivo, lento para enojarse y lleno de amor inagotable. El Señor es bueno con todos; desborda compasión sobre toda su creación.

SALMOS 145:8–9, NTV

La cantante Tammy Trent fue a Jamaica con su esposo, Trent Lenderink, poco después de su undécimo aniversario de boda. Fueron a escalar y también a la playa durante varios días, y luego, justo antes de cuando se suponía tenían que volver, Trent decidió ir a ver la laguna azul, uno de los lugares favoritos para sumergirse en la isla. Trent era un ávido submarinista, pero aquella vez no llevaba su equipo. En cambio, se sumergió en la laguna solo con aletas y tubo de buceo mientras Tammy observaba. Ella no se preocupó porque Trent con frecuencia buceaba así. Podía permanecer debajo del agua hasta diez minutos de inmersión.

Pasaron unos diez minutos, y Tammy comenzó a buscar a su esposo. Él aún no había salido a respirar, y ella se preocupó. Quince minutos: nada aún; veinte minutos... llegó el pánico. Tammy llamó a las autoridades. Trent se había ahogado, trágicamente. Recuperaron su cuerpo al día siguiente.

Tammy, que había estado con Trent desde la escuela de enseñanza media-superior, quedó conmocionada, totalmente devastada, y estaba sola en aquel país extranjero. Llamó a sus padres y ellos le dijeron que llegarían de inmediato. El primer vuelo disponible era a la mañana siguiente, que resultó ser el día 11 de septiembre de 2001, el día en que los terroristas atacaron en los Estados Unidos. Todos los vuelos fueron cancelados. Los padres de Tammy no pudieron estar con ella, y ella no pudo salir de Jamaica.

Tammy estaba destrozada. Oró: "Dios, si estás ahí en algún lugar, por favor envía a alguien que me ayude, alguien que me haga saber que te importo".

Poco después llamaron a la puerta de su habitación en el hotel. Era la señora de la limpieza, una mujer mayor jamaicana. Ella le dijo: "Estaba limpiando la habitación contigua. No es mi intención molestarla, pero no pude evitar oírle llorar, y me preguntaba si hay algo por lo que yo pudiera orar con usted".

Tammy le dijo lo que había sucedido. Esa mujer mayor jamaicana puso sus amorosos brazos sobre Tammy y la abrazó como si fuera su propia hija. En ese momento, a miles de millas de su casa, Tammy Trent supo que Dios seguía teniendo el control.

La mujer jamaicana estaba viviendo como una sanadora. Era sensible a las necesidades de quienes la rodeaban, y escuchó los gritos de ayuda provenientes de otra habitación. Ella pudo haber pensado: Oh, tengo mucho trabajo que hacer. Estoy ocupada. Tengo mis propios problemas. En cambio, dejó lo que estaba haciendo y abrazó a una de las hijas de Dios. Ella sabía que su tarea en la vida era ayudar a secar las lágrimas. En aquel momento, ella derramó el aceite sanador sobre las heridas de Tammy.

Sencillamente le hizo saber que se interesaba. Ella fue el primer paso en el largo período de sanidad de Tammy.

La oración de hoy

Padre, hoy y todos los días me pongo a tu disposición. Permíteme ser tus manos de sanidad en la Tierra. Déjame limpiarle las lágrimas a los demás y levantar su ánimo, siempre señalando el camino a ti. En el nombre de Jesús. Amén.

El pensamiento de hoy

La Escritura dice que Jesús era "amigo de pecadores". Cuando muestras misericordia al culpable, cuando alientas al desanimado, cuando levantas a las personas cuando todos los demás les están aplastando, tus actos tocan el corazón de Dios de manera muy especial.

Sigue la corriente de la compasión

Lectura bíblica: Apocalipsis 21

Él les secará toda lágrima de los ojos, y no habrá más muerte ni tristeza ni llanto ni dolor. Todas esas cosas ya no existirán más.

APOCALIPSIS 21:4, NTV

Victoria llamó a una amiga llamada Shannon hace algún tiempo. Una joven respondió y parecía en cierto modo turbada. Victoria dijo: "Shannon, ¿eres tú?"

La voz sonaba apagada, y dijo: "Sí, soy yo, y estaré bien".

Confundida, Victoria dijo el nombre completo de Shannon y volvió a preguntar si había llamado al número correcto. La joven dijo: "No, debe de tener el número equivocado. Yo soy otra Shannon".

Victoria estaba a punto de colgar, pero sintió esa corriente de compasión hacia la persona que estaba al otro lado del teléfono.

Le preguntó: "Shannon, sé que esto puede parecer extraño, ¿pero puedo orar con usted con respecto a algo?"

La mujer comenzó a llorar.

"¿Lo haría, por favor? Mi padre acaba de morir, y estoy tan deprimida que no sé qué hacer".

Victorio oró y le habló fe. La consoló lo mejor que pudo, asegurándole que Dios estaba de su lado. Antes de colgar, la joven dijo: "Es usted mi ángel. Ahora sé que Dios aún tiene un plan para mi vida".

Dios traerá a nuestro camino a personas a fin de que podamos restaurar. Sé sensible y sigue esa corriente de compasión

La oración de hoy

Padre, ayúdame a ser sensible a tu fluir de compasión. Decido responder a las impresiones en mi corazón para amar y ministrar a otros. Úsame hoy para tu gloria para ayudar a los que necesitan un toque tuyo. En el nombre de Jesús. Amén.

El pensamiento de hoy

La Escritura dice que un día Dios enjugará todas las lágrimas. No habrá más tragedia, más enfermedad ni más dolor. Pero mientras tanto, Dios cuenta contigo y conmigo para secar las lágrimas. Puedes sentir cuando alguien está sufriendo. De repente, sientes una corriente de compasión y piensas: *Tengo que ir y orar por él. Necesito alentarle.* No ignores esos instintos. Es Dios que quiere que lleves sanidad.

Tómate el tiempo de interesarte por otros

Lectura bíblica: Proverbios 4

Hijo mío, presta atención a lo que te digo. Escucha atentamente mis palabras. No las pierdas de vista. Déjalas llegar hasta lo profundo de tu corazón, pues traen vida a quienes las encuentran y dan salud a todo el cuerpo.

PROVERBIOS 4:20–22, NTV

Estaba yo en el hospital de visita con un amigo cuando una madre y su hija me reconocieron en el pasillo. Me preguntaron si iría con ellas y oraría por el esposo de la mujer, el padre de la joven.

Yo estuve de acuerdo, y cuando llegamos a su habitación ellas dijeron que esperarían afuera. Eso me pareció un poco extraño, pero entré. El hombre tenía unos sesenta años. Yo no le conocía, pero estuve allí unos diez o quince minutos. Entonces oré por él, y le di un gran abrazo.

Cuando salí, la madre y la hija tenían una sonrisa de oreja a oreja. Yo les pregunté: "¿Qué es tan divertido?"

La madre dijo: "No podemos creer que él le permitiese orar. Ni siquiera le cae usted bien".

Yo pensé: Oh, muchas gracias. Por eso entré yo solo.

Ella añadió: "Cuando le vemos en televisión, él siempre se burla de usted y nos dice que quitemos el programa".

Yo pensé: *Si hubiera sabido eso, podría haber orado de un modo un poco distinto.*

Pero cuando tomas tiempo para interesarte, nunca sabes lo que Dios hará. Eso sucedió hace años, y en la actualidad, ¿sabes qué hombre y su familia acuden a los servicios en Lakewood cada semana? ¡Ellos nunca se pierden un domingo!

Llegué a enterarme de que aquel hombre antes era diácono en

otra iglesia, pero le habían tratado mal, ¡y no había ido a ninguna iglesia en treinta años!

La oración de hoy

Padre, ayúdame a mostrar amor incondicional adondequiera que voy. Úsame para sanar, alentar e inspirar a la gente que traigas a mi camino. Ayúdame a ser sensible a tu guía, para alcanzar y sembrar semillas de vida en otros. En el nombre de Jesús. Amén.

El pensamiento de hoy

Cuando vives como un sanador, derribas los muros; suavizas corazones endurecidos. El amor nunca falla.

Fe que sana

Lectura bíblica: Lucas 15

Él entonces les contó esta parábola: "Supongamos que uno de ustedes tiene cien ovejas y pierde una de ellas. ¿No deja las noventa y nueve en el campo, y va en busca de la oveja perdida hasta encontrarla? Y cuando la encuentra, lleno de alegría la carga en los hombros y vuelve a la casa. Al llegar, reúne a sus amigos y vecinos, y les dice: "Alégrense conmigo; ya encontré la oveja que se me había perdido." Les digo que así es también en el cielo: habrá más alegría por un solo pecador que se arrepienta, que por noventa y nueve justos que no necesitan arrepentirse.

LUCAS 15:3–7

Hace años, mi padre fue a un servicio al otro lado de la ciudad en la iglesia de un amigo. Llegó tarde, así que sentó en la última fila. Después de unos minutos, entró un joven que parecía muy angustiado. Mi padre sintió esa corriente de compasión y se propuso acercarse a él después del servicio.

Pero a media reunión, el joven se salió. Mi padre tuvo un sentimiento tan fuerte que salió tras él. Miró en el vestíbulo y no pudo encontrarle. Papá salió al estacionamiento; buscó y buscó. Nada. Regresó y miró en el baño, y efectivamente, allí estaba.

Mi padre miró a los ojos al joven y dijo: "No le conozco, pero quiero decirle que la mano de Dios está en su vida. Él tiene un destino para que usted lo cumpla. No renuncie a su futuro".

El joven lloró.

Dijo: "Mi vida es un desastre. Soy adicto a muchas drogas. Decidí venir a la iglesia una vez más, y después iba a irme a casa y tragarme todas las pastillas que pudiera encontrar".

Más adelante, ese joven recordaba que cuando entró a la iglesia, una de las primeras cosas que observó fueron los zapatos de mi padre. Entonces, cuando él se fue, había visto a mi padre seguirle, y "dondequiera que iba, veía esos zapatos siguiéndome".

Mi padre llevaba los zapatos de un sanador; los zapatos de un restaurador; los zapatos de un ministro siguiendo la pista a pródigos y sanando corazones.

Aquella noche fue un punto de inflexión en la vida de aquel joven. En la actualidad, más de treinta años después, es pastor de una iglesia muy exitosa. Pero me pregunto: ¿Dónde estaría él si mi padre no hubiera estado viviendo como un sanador?

Dentro de cien años, si alguien me recordase, no quiero que diga: "Ah, sí. Joel, el hombre que tenía una iglesia muy grande. Escribió algunos buenos libros. Era bastante popular".

No, quiero que diga: "Ese hombre era un sanador; era un restaurador; levantaba a los caídos; alentaba a los desanimados; mostraba misericordia a los culpables. Pasó toda su vida secando las lágrimas".

Recientemente recibí una carta de una señora que decía que por más de cuarenta años se había sentido golpeada por la vida y abandonada por su religión. Le dijeron que Dios la amaba solamente cuando ella guardaba todas las reglas y seguía todas las leyes hechas por el hombre.

Decía: "Sufrí bajo la religión. Nunca podía ser lo bastante buena". Terminó dejando la iglesia deprimida y confundida. Doce años después, estaba cambiando de canales en el televisor y me oyó hablar del amor incondicional de Dios y que Dios tiene un gran plan para todos nosotros.

Ella dijo que, por primera vez, sintió una libertad en su interior. Fue como si Dios hubiera soplado nueva vida en su espíritu.

Decía: "Joel, a veces, debido a que usted no condena a las personas, otros le critican y dicen que solo predica un 'cristianismo ligero'. Pero déjeme decirle que yo viví bajo el 'cristianismo pesado' durante cuarenta y dos años. Estaba derrumbada; estaba derrotada; estaba deprimida. Pero hoy estoy sana; estoy feliz; estoy completa. Estoy ayudando a otros.

"Tomaré 'cristianismo ligero' en lugar de 'cristianismo pesado' cualquier día de la semana".

A la religión le gusta aplastar a las personas. La religión te criticará porque no eres lo bastante duro con los demás. Pero me encanta lo que Jesús dijo: "Porque mi yugo es fácil, y ligera mi carga" (Mateo 11:30, rv60).

No veo la necesidad de aplastar a nadie. La vida ya lo hace lo suficiente a las personas. Te aliento a que seas un sanador y un restaurador de sueños. Busca a quienes puedas levantar, y ayúdales a reclamar su felicidad y su gozo. Tú eres un recipiente lleno de Dios. Libera su sanidad dondequiera que vayas, y puedo asegurarte que el rostro de Dios siempre brillará sobre ti.

La oración de hoy

Padre, ayúdame a siempre llevar los zapatos de un sanador. Ayúdame a llevar los zapatos de un restaurador. Decido ser el que vaya tras los perdidos, los heridos y los solitarios y traerlos de vuelta a ti. Gracias por llenarme de tu amor y compasión a medida que cumplo con tu misión en la Tierra. En el nombre de Jesús. Amén.

El pensamiento de hoy

El libro de Santiago habla de que tenemos que buscar a los pródigos. Tenemos que ir tras quienes se han apartado. Si conoces a personas que una vez fueron fuertes en la fe pero se han debilitado, ve tras ellas. Ellos también necesitan sanidad. Necesitan que su felicidad y su gozo sean restaurados. Tu actitud debería ser: *Estoy en una misión de parte de Dios. Si te apartas, estás en terreno peligroso porque yo te seguiré la pista. Te ayudaré a regresar al rebaño.*

PART
VII

Celébrate a ti mismo

Anímate

Lectura bíblica: 1 Samuel 30

*Y David se angustió mucho, porque el pueblo hablaba de apedrearlo,
pues todo el pueblo estaba en amargura de alma, cada uno por sus
hijos y por sus hijas; mas David se fortaleció en Jehová su Dios.*

1 SAMUEL 30:6, RV60

Una de las batallas que todos tenemos que pelear es la batalla contra el desánimo. Nuestros sueños no siempre se cumplen según nuestro calendario. Atravesamos desengaños y adversidades, y es fácil perder entusiasmo, felicidad y gozo y celo por la vida. En esos momentos es bueno tener familiares y amigos que nos alienten. Es bueno tener un entrenador, un maestro o un pastor que nos anime a seguir.

Pero una cosa que he aprendido es que otras personas no pueden mantenernos alentados. Otras personas no pueden mantenernos animados. Pero una cosa que he aprendido es que los demás no pueden mantenernos alentados. Los demás no pueden mantenernos animados. Puede que nos den un empujón; puede que nos ayuden de vez en cuando. Pero si realmente queremos vivir en victoria, ese aliento tiene que provenir del interior. Debemos aprender a alentarnos a nosotros mismos.

Esto es especialmente cierto cuando los tiempos se ponen difíciles y las cosas no salen como queremos. En esos momentos, puede que no tengas ganas de perseguir tus sueños. Puede que tu mente te diga: *No vale la pena. Nunca mejorará. Bien podrías conformarte donde estás.* En lo profundo de tu espíritu tiene que haber una determinación, una fortaleza interna que diga: *Me niego a conformarme donde estoy. Sé que Dios tiene un gran plan para mi vida, y sigo adelante para llegar a ser todo aquello para lo que Él me ha creado.*

Esto es lo que el rey David tuvo que hacer, según la Escritura. Él acababa de sufrir un importante revés; fue uno de los momentos más difíciles de su vida. Su ciudad había sido destruida, y su familia había sido secuestrada. Y entonces sus propios hombres se volvieron contra él. La situación parecía imposible. Él podría fácilmente haberse rendido y haberse alejado en el atardecer derrotado y deprimido. Pero la Escritura dice: "Mas David se fortaleció en Jehová su Dios" (1 Samuel 30:6, rv60).

David entendió este principio. Él no dependía de su familia, sus amigos o sus colegas. Este es uno de los secretos del éxito de David. Él sabía cómo sacar aliento y fortaleza desde el interior. ¿Cómo lo hacía? Comenzaba a revivir las victorias que Dios le había dado en el pasado; recordaba cómo Dios le había escogido de entre los otros hermanos cuando era un pastor; recordaba cómo mató al león y al oso con sus propias manos; recordaba cómo Dios le ayudó a derrotar a Goliat y cómo Dios le protegió cuando el rey Saúl intentaba matarle.

A medida que David revivía una y otra vez en su mente la bondad y la fidelidad de Dios, la fortaleza comenzaba a llenar su corazón. Él creaba una nueva visión de victoria. Daba gracias a Dios por lo que Él había hecho; daba gracias a Dios porque Él podía dar la vuelta a la situación. David pasó de estar deprimido y derrotado a levantarse con una mentalidad de guerrero.

La oración de hoy

Padre, enséñame a alentarme a mí mismo en la manera en que David se animó a sí mismo. Ayúdame a crear una visión de victoria mediante repasar tu bondad y fidelidad en mi mente. Ayúdame a siempre ver que eres mi fuerza y esperanza, y a través de ti todas las cosas son posibles. En el nombre de Jesús. Amén.

El pensamiento de hoy

A veces, cuanto más necesitas aliento, aquellos con quienes cuentas para que te alienten no estarán ahí, desgraciadamente. El amigo que normalmente llama puede que esté fuera de la ciudad. Tu cónyuge puede que esté pasando un mes difícil. Tus compañeros de trabajo y tus padres pueden estar preocupados con sus propios desafíos. Pero cuando aprendes a profundizar en tu interior y a alentarte a ti mismo, hay una libertad verdadera.

Cada revés es una preparación para un retorno

Lectura bíblica: 1 Samuel 30

David pudo recobrar todo lo que los amalecitas se habían robado, y también rescató a sus dos esposas. Nada les faltó del botín, ni grande ni pequeño, ni hijos ni hijas, ni ninguna otra cosa de lo que les habían quitado. David también se apoderó de todas las ovejas y del ganado. La gente llevaba todo al frente y pregonaba: "¡Éste es el botín de David!".

1 SAMUEL 30:18–20

Veo a demasiadas personas en la actualidad que se han conformado donde están. Ceder al espíritu de desánimo roba sueños. La actitud de quienes se conforman con menos es: *No vale la pena. No vale la pena luchar por mi matrimonio. Nunca funciona.* O: *Estoy cansado de tratar con este niño. No vale la pena la lucha. Estoy cansado de hacer lo correcto; nunca voy a avanzar.* No, no creas esas mentiras. Es el espíritu de desánimo que intenta robar tus sueños y mantenerte donde estás.

No te atrevas a conformarte donde estás. Puede que hayas sufrido un revés. Como David en la Biblia, has experimentado un desengaño. Quizá una relación no funcionó. Quizá estés afrontando un importante problema de salud en este momento. Recuerda esto: cada revés es una preparación para un regreso.

Puede que te hayan derribado, pero no has sido noqueado. Tienes que volver a levantarte y sacudirte el polvo. Dios te tiene en la palma de su mano. Él dijo que si permaneces en fe, Él no solo te sacaría, sino que te sacaría mejor de lo que estabas antes.

Eso es lo que David tuvo que hacer. Él estaba derribado, pero no se quedó derribado. Revivió mentalmente sus victorias. Dio gracias a Dios por lo que Él había hecho en el pasado. Cuando cambió de canal y adoptó una actitud de fe y expectativa, David pasó de ser una víctima a ser un vencedor. Les dijo a sus hombres: "Levántense, muchachos. Vamos a atacar al enemigo".

La Escritura dice que ellos no solo recobraron todo lo que les habían robado, sino que también se fueron con más de lo que tenían antes. Eso es lo que Dios quiere hacer por cada uno de nosotros. Pero todo comenzó cuando David se alentó a sí mismo. Reconoció que la principal batalla no estaba teniendo lugar en el exterior; estaba teniendo lugar en el interior.

Cuando todo estaba en contra de él, su familia no estaba allí, sus amigos le habían dado la espalda, las noticias no eran buenas, la economía estaba baja, la gasolina estaba alta, su actitud fue: "No estoy preocupado por nada de todo eso. Sé que el Dios a quien sirvo puede liberarme".

David dijo, en efecto: "He visto a Dios sacarme del pozo antes. Él puso mis pies sobre una roca, puso un nuevo canto en mi corazón. Y si Él lo hizo por mí entonces, sé que lo hará por mí en este momento". Ese es el tipo de actitud que capta la atención de Dios.

La oración de hoy

¡Padre, hoy declaro que contigo todas las cosas son posibles! Gracias que estás convirtiendo cada revés en un retorno. Gracias por colocar mis pies en roca sólida y poner un cántico nuevo de alabanza en mi corazón a medida que me mantengo firme y veo tu salvación en cada área de mi vida. En el nombre de Jesús. Amén.

El pensamiento de hoy

Vale la pena luchar por cada promesa que Dios ha puesto en tu corazón, por cada sueño que Él ha plantado en tu interior. Tu hijo vale la pena. Tu matrimonio vale la pena. Tu salud vale la pena. Tus sueños valen la pena.

Celébrate a ti mismo

Lectura bíblica: Salmos 100

Aclamen con júbilo al Señor, toda la tierra. Sirvan al Señor con alegría; vengan ante El con cánticos de júbilo. Sepan que El, el Señor, es Dios; El nos hizo, y no nosotros a nosotros mismos; Pueblo Suyo somos y ovejas de Su prado.

SALMOS 100:1–3, NBLH

Una joven llamada Brittany se trasladó a una nueva escuela en la escuela de enseñanza media. La mayoría de los alumnos habían crecido juntos y habían sido amigos durante años. A ella le costaba mucho integrarse y conectar realmente con alguien.

Esa escuela tenía la tradición de que durante la semana anterior al día de San Valentín, los alumnos podían comprar claveles de veinticinco centavos y enviárselos unos a otros. Los claveles eran entregados en el aula principal durante el día de San Valentín delante de toda la clase. Por tanto, era un gran evento ver cuántos claveles recibía cada uno.

Bien, Brittany sabía que ella no recibiría ningún clavel. Era nueva en la escuela y no tenía ningún amigo. Aborrecía que llegase ese día, pensando que se quedaría sola y avergonzada.

Pero entonces Brittany tuvo una gran idea. En lugar de quedarse sentada viendo a todos los demás recibir flores, decidió enviarse algunas a ella misma. Llevó cinco dólares a la oficina de la escuela donde pidió notas de pedido para veinte claveles. Entonces las rellenó en privado para que nadie supiera que se los enviaba a ella misma.

El día de San Valentín, la mayoría de las jóvenes recibieron tres o cuatro claveles. Las muchachas realmente populares podrían recibir cinco, seis o siete. Pero en el aula de Brittany, parecía que todos los claveles iban destinados a ella. Sus compañeros de clase la miraban, pensando: *¿Pero quién es esta muchacha? Tiene muchos amigos.*

Un clavel tras otro era enviado a ella. Sus compañeros de clase preguntaban: "¿Quién lo envía?".Y Brittany leía la nota y decía: "Oh, son muy especiales. Me quieren mucho. No puedo esperar a darles las gracias".

Ellos no tenían ni idea de que estaba hablando de sí misma. Uno hubiera pensado que Brittany era la muchacha más popular de la escuela. Al final del día de San Valentín, ella era la envidia de toda la clase. Tenía más claveles que nadie.

Necesitas tener la actitud de Brittany: *Si nadie más me está celebrando en este momento, me celebro a mí mismo. Si nadie me pide que vayamos a cenar, me arreglo y me llevo yo mismo a cenar. Si nadie me envía un regalo de cumpleaños, cuidado. Me compro un regalo a mí mismo.*

La oración de hoy

Padre, dijiste en tu Palabra que amemos a los demás como nos amamos a nosotros mismos. Así que hoy decido amarme y celebrarme porque he sido hecho maravillosamente complejo. Ayúdame a amar a los demás a partir de la abundancia de mi corazón. En el nombre de Jesús. Amén.

El pensamiento de hoy

Es fácil mantenerse alentado cuando aprendes a elogiarte a ti mismo. A veces pensamos que es humilde elogiar a otra persona a la vez que nos menospreciamos a nosotros mismos. En lugar de ello, tenga confianza y aliéntese a sí mismo. Celébrese a sí mismo para desarrollar confianza dentro de usted.

Educa tus oídos para lo bueno

Lectura bíblica: 1 Crónicas 22

Ahora, pues, busquen al Señor su Dios de todo corazón y con toda el alma.

1 Crónicas 22:19

Tenemos dos perritas shih tzu, Daisy y Spirit, que son mascotas increíbles. Spirit tiene un oído muy sensible. Está tan sintonizada con sus alrededores, que puede escuchar a la gente acercarse a la puerta principal antes de que llegue allí. Comienza a ladrar diez o quince segundos antes de que suene el timbre. Ella se ha entrenado para oír lo que quiere oír.

A Spirit le encanta el queso, y puede oír cuando estamos abriendo una bolsa, aunque esté fuera en el jardín. Spirit inmediatamente llega corriendo a la cocina, se sienta delante de nuestros pies y espera ese pedazo de queso.

Cuando toda la familia está en la cocina, hay todo tipo de ruidos. Jonathan se está sirviendo cereal. Alexandra está abriendo una bolsa de patatas fritas. Yo estoy usando la licuadora. Victoria está envolviendo comida. Spirit se queda sentada muy tranquila; ni siquiera parpadea. Pero en el momento en que alguien toca el queso, se pone en alerta. Su actitud es: *Ahora es mi momento. Estoy lista para mi refrigerio.*

¿A qué se debe eso? Se ha entrenado para oír lo que es importante para ella. No le importa si yo saco el pan; no le importa si abro la bolsa de patatas fritas o preparo la lechuga. Todo lo demás le entra por un oído y le sale por el otro. Lo único que le interesa es el queso, y ella está bastante al tanto de ese sonido.

¿A qué sonido estás sintonizado? Algunas personas tienen el hábito de sintonizar lo negativo. Son atraídas a ello, casi como si les alimentase. Si llega un pensamiento que dice: *Es un día horrible*, sencillamente muerden el anzuelo. "Oh, sí, es un día horrible" No permitas que te suceda eso. Tienes que volver a educar tus oídos. Estás oyendo las cosas equivocadas. Descarta lo negativo y comienza a escuchar pensamientos llenos de fe. Cuando te despiertes, después de ignorar todos los pensamientos negativos finalmente oirás: "Este es el día que el Señor ha hecho. Este será un gran día".

Si te entrenaste para oír lo malo, puedes entrenarte para oír lo bueno. La próxima vez que llegue un pensamiento negativo, tan solo di: "No, gracias, eso no es para mí".

Deja que los pensamientos negativos reboten como si fuesen agua sobre la espalda de un pato; al igual que Spirit se quedaba sentada impasible ante el sonido de las patatas fritas, el cereal y el pan. Descarta los pensamientos que no son productivos ni positivos. Finalmente oirás el sonido correcto. Algo abrirá pensamientos positivos como: *Tengo talento*. Será como un despertador que suene en tu espíritu. Levántate y di: "Sí, tomaré eso. Tengo talento". Llegará el pensamiento: Soy bendecido. "Sí, eso es para mí. Puedo. Soy más que vencedor".

La oración de hoy

Padre, hoy decido sintonizarme contigo. Tu Palabra dice que soy tu oveja, que yo escucho tu voz y que no seguiré la voz de un extraño. Ayúdame a sacar de mi mente las voces negativas y los pensamientos de autoderrota para que pueda recibir claramente tu verdad hoy. En el nombre de Jesús.

El pensamiento de hoy

Es sorprendente la manera en que podemos entrenar nuestros oídos para escuchar lo que queremos oír. Entrénate para sujetarte a pensamientos positivos y esperanzadores. Sé disciplinado en tus pensamientos para que puedas arrancar los pensamientos desalentadores y negativos. No les des un solo segundo de vida.

Desintoxica tu mente

Lectura bíblica: Proverbios 4

Sobre toda cosa guardada, guarda tu corazón; porque de él mana la vida.

PROVERBIOS 4:23, RV60

Escuchamos mucho sobre desintoxicar nuestro cuerpo y que hay productos químicos en nuestros alimentos que pueden ser dañinos, ciertas hormonas y bacterias que pueden acumularse, incluso pesticidas en el aire. Muchas personas no se dan cuenta de que sus cuerpos están llenos de toxinas dañinas y que eso es lo que hace que se sientan mal. La mayoría de expertos recomiendan que realices una profunda limpieza en la que hagas ayuno y después sigas cierta dieta, manteniéndote alejado de las cosas que son dañinas. Dicen que con el tiempo te librarás de esas toxinas y comenzarás a sentirte mejor.

Del mismo modo, hay todo tipo de toxinas que pueden acumularse en tu mente. Cuando meditas en lo que no puedes hacer, en el sufrimiento que has sentido y en los desafíos que afrontas, te estás enfocando en pensamientos tóxicos que pueden hacer tanto daño como las toxinas hacen a tu cuerpo.

Los pensamientos tóxicos se acumulan y se convierten en desecho tóxico que finalmente contamina toda tu vida. Afectan a tu actitud, tu autoestima y tu confianza. Se convierten en parte de quien eres. Por eso la Escritura dice en Proverbios que debemos guardar nuestro corazón porque afecta todo lo que hacemos. Haz una prioridad de guardar tu mente, ponlo en lo más alto de tu lista de quehaceres. Si tu mente está contaminada, tu vida entera resultará dañada.

Probablemente conozcas a alguien que está amargado, es cínico y tiene una mala actitud; esa persona espera lo peor. ¿A qué se debe eso? Ha permitido que pensamientos tóxicos echen raíces. Esos pensamientos negativos están envenenando su futuro.

¿Cuál es la solución? Necesita pasar por una desintoxicación; no una limpieza física sino una limpieza mental. La única manera en que puede ser libre, la única manera en que puede regresar a lo que Dios le hizo ser, es desintoxicar la mente.

Puede que necesites desintoxicar la amargura, la baja autoestima, las palabras negativas que dijeron de ti, la condenación debido a errores del pasado, y el desánimo que intenta convertirse en parte de ti.

¿Cómo te desintoxicas? Tomas la decisión de que no te quedarás con esos pensamientos ni un momento más. Dejas morirse de hambre a esas toxinas. Cada vez que te quedas en un pensamiento negativo, esa condenación, esa amargura, esa baja autoestima, lo estás alimentando; le estás dando nueva vida, le estás fortaleciendo.

Esos pensamientos llegan diciendo: *Nunca te pondrás bien. Oíste lo que el doctor dijo. Nunca serás feliz. Te han herido demasiadas veces. Nunca lograrás tus sueños.* Pero en lugar de meditar en ellos, di: "No, no iré allí. No meditaré en mi dolor, en lo que no tengo o en mis errores. Medito en lo que Dios dice sobre mí. Él dice que soy perdonado; Él dice que me devolverá el doble por cada ofensa; Él dice que puedo cumplir mi destino; Él dice que mis mejores días están aún por delante de mí".

Si ignoras los pensamientos tóxicos y mantienes tu mente llena de pensamientos de esperanza, pensamientos de fe, entonces esos pensamientos tóxicos se debilitarán, y poco después no tendrán efecto alguno sobre ti.

La oración de hoy

Padre, hoy decido desintoxicar mi mente y mi corazón. Hago que mi prioridad principal sea renovar mis pensamientos con tu Palabra. ¡Declaro que ya no voy a meditar en pensamientos negativos de condenación sino que voy a habitar en tu Palabra, que es la verdad que me libera! En el nombre de Jesús. Amén.

El pensamiento de hoy

Toma hoy la decisión de desintoxicarte de cualquier pensamiento negativo y de autofracaso meditando más bien en las promesas de Dios. Desintoxícate de la baja autoestima, desintoxícate de las palabras negativas que quizá se hayan pronunciado sobre ti, desintoxícate de la condenación. En lugar de ello habita en lo que Dios dice acerca de ti. Dios dice: "Restauraré los años que el enemigo te ha robado". Al ir desintoxicando tu mente y llenar tus pensamientos con sus promesas, verás su mano de bendición en tu vida. Te levantarás más alto y vivirás la vida abundante que Él tiene para ti.

Eres un hijo de Dios

Lectura bíblica: Gálatas 3

Todos ustedes son hijos de Dios mediante la fe en Cristo Jesús.

GÁLATAS 3:26

Leí sobre un muchacho criado por una madre soltera en las colinas de Tennessee. En aquel entonces, especialmente en esa zona, los niños que nacían de madres solteras estaban sujetos a una discriminación extrema. De hecho, cuando este muchacho tenía solo tres años de edad, los vecinos no le permitían jugar con sus hijos. Decían cosas como: "¿Qué hace en nuestro pueblo? Y, finalmente, ¿quién es su padre?".

Le trataban como si tuviese algún tipo de plaga. Los sábados iba con su mamá al supermercado local, e invariablemente, la gente hacía comentarios despectivos. Decían cosas dolorosas en voz alta a propósito, para que ellos las pudieran oír: "Aquí vienen otra vez. ¿Tienes idea de quién es su padre?".

Ese muchacho creció inseguro, ridiculizado, sintiendo siempre que había algo malo en él. Cuando cumplió los doce años, un nuevo ministro llegó a la ciudad. Era joven, muy talentoso y muy apasionado. Creó bastante conmoción; la gente estaba emocionada.

El muchacho nunca había ido a la iglesia ni un solo día en su vida, pero un domingo decidió ir a escuchar un sermón de ese nuevo ministro del que todo el mundo hablaba. Llegó tarde, se coló y se sentó hacia la parte trasera para que nadie le notase.

Cuando el muchacho escuchó aquel día, sintió un amor y una aceptación que nunca antes había sentido. Había planeado irse temprano, pero estaba tan interesado en lo que el ministro estaba diciendo que el servicio terminó antes de que él se diese cuenta.

El muchacho quedó entre la multitud. Cuando el joven ministro saludaba a todos los que iban saliendo, miró al muchacho. No le había conocido, y no sabía nada sobre él. Pero el ministro observó que el muchacho no estaba con nadie. Estaba solo.

El ministro le dijo con un tono muy amigable: "Joven, ¿de quién eres hijo?".

La sala se quedó completamente en silencio. El ministro había hecho la pregunta que todos los demás querían hacer. El muchacho no sabía qué decir. Había oído todos los comentarios sobre que él era el marginado y un niño sin papá. Por tanto, agachó su cabeza.

El ministro notó que algo iba mal, algo de que él obviamente no sabía nada. Pero Dios le dio sabiduría, y reaccionó enseguida. Miró al muchacho y dijo: "Ah, sé quién es tu Padre. Puedo ver el parecido perfectamente; vaya, eres hijo del Dios todopoderoso".

Aquel día fue un momento crucial en la vida del muchacho. Quienes habían hablado de él agacharon sus cabezas y salieron de la sala. La fortaleza de inseguridad e inferioridad quedó derribada. Él comenzó a verse a sí mismo no como el marginado e inferior que la gente decía que era, sino como un hijo del Dios todopoderoso.

El muchacho llegó a ser muy exitoso y vivió una vida bendecida y feliz. Muchas personas crecen sin padre. Me gustaría que no fuese así, pero si ese es tu caso, déjame decirte lo que el joven ministro le dijo al muchacho. Tu Padre es Dios todopoderoso. Has sido escogido y apartado antes de la fundación del mundo. No llegaste aquí por accidente. No solo apareciste. Dios sopló su vida en ti; Él puso semillas de grandeza en tu interior. Tienes un destino que cumplir, una tarea, algo que nadie más puede lograr.

La oración de hoy

Padre, gracias por hacerme tu hijo a través de la fe en Jesucristo. Ayúdame a verme en la manera en que me ves como realeza, como el hijo del Rey. Libérame de las palabras negativas habladas sobre mí y recibo tu amor que renueva y restaura mi alma. En el nombre de Jesús. Amén.

El pensamiento de hoy

No permitas que lo que la gente dice de ti o lo que no dice de ti haga que te sientas menos que completo. Puede que tu padre terrenal no esté a tu lado tanto como debiera; puede que ni siquiera le conozcas, pero tu Padre celestial dice: "Estoy orgulloso de ti. Tienes un futuro brillante. Harás grandes cosas".

Alimenta tu mente con los pensamientos de Dios

Lectura bíblica: Salmos 68

Padre de los huérfanos y defensor de las viudas es Dios en su morada santa.

SALMOS 68:5

Recuerdo que hace un par de años después del servicio se acercó una joven con dos niños pequeños, un niño y una niña. Eran muy amorosos. El muchacho se agarró a mí y no quería soltarse; tenía unos cinco años. Yo le abracé y hablamos durante un rato, y finalmente "chocamos los cinco" y ellos se fueron.

Un par de minutos después, el muchacho regresó y dijo que quería decirme algo al oído. Yo me incliné, y nunca olvidaré lo que me dijo.

"Me gustaría que usted fuese mi papá".

Eso casi me rompió el corazón. Le dije lo que te estoy diciendo a ti: cada mañana, mira hacia arriba e imagina que tu Padre celestial te está sonriendo. Te dice: "Eres la niña de mis ojos. Eres mi posesión más preciada".

La Escritura dice que Dios es "padre de los huérfanos". Muchas personas no están alcanzando todo su potencial debido a una falta de identidad. Sus mentes están llenas de pensamientos que dicen: *No provienes de la familia correcta, o Ni siquiera tienes un padre. No es de extrañar que no puedas tener éxito.*

No creas esas mentiras. Cree esto en su lugar: "Soy quien Dios dice que soy. Puede que no tenga un padre terrenal, pero tengo un Padre celestial. La gente puede haber dicho cosas negativas de mí, pero sé que antes de que nadie pudiera maldecirme, Dios puso una bendición sobre mí, y con eso me quedo".

Si te han dicho esas cosas negativas y están envenenando tu futuro, regresa a las raíces de esos pensamientos. ¿Quién dijo que no eras lo bastante inteligente para ir a la universidad? ¿Quién dijo que nunca serías exitoso? ¿Quién te dijo que no tienes lo que se necesita? ¿Quién te dijo que nunca te casarías? ¿Quién te dijo que nunca vencerías ese obstáculo? ¿Quién te dijo que tus mejores días han quedado atrás?

Puedo prometerte que no fue Dios quien puso esos pensamientos en tu mente. Desintoxica esa basura. Desintoxica lo que tu exmarido dijo de ti. Desintoxica lo que aquel maestro dijo que no podrías hacer. Desintoxica lo que ese gerente dijo que nunca podrías ser. Desintoxica lo que aquellos críticos dijeron de tu capacidad.

La oración de hoy

Padre, gracias por amarme y liberarme. Gracias por ser más que mi Dios, por ser mi Padre celestial. Tú dijiste que soy la niña de tus ojos. Recibo tu amor hoy y cada bendición espiritual que tienes para mí. En el nombre de Jesús. Amén.

El pensamiento de hoy

Comienza una nueva dieta para eliminar todas las toxinas. Esta dieta te librará de toda la negatividad, todos los pensamientos de *no puedo* y todos los pensamientos de *no soy lo bastante bueno*. Esta es comida de fe. Cuando te comes esta comida, es como cuando Popeye come espinacas. Es como cuando Clark Kent se mete en la cabina telefónica y sale siendo Superman. Tiene lugar una transformación cuando te libras de los pensamientos negativos y condenatorios y alimentas tu mente de lo que Dios dice de ti.

Trata la raíz

Lectura bíblica: Josué 1

Recita siempre el libro de la ley y medita en él de día y de noche; cumple con cuidado todo lo que en él está escrito. Así prosperarás y tendrás éxito.

JOSUÉ 1:8

Tenemos un par de conejos en casa, y hace algún tiempo notamos que uno de ellos parecía que no se sentía bien. Siguió frotándose un costado de la cara como si algo lo estuviera molestando. Lo revisamos pero no vimos nada. Parecía que estaba bien. Unos días después esa zona se había inflamado mucho; parecía que tenía un bulto grande en la cara.

Así que llevamos al conejo al veterinario. Le dieron algunos antibióticos y dijeron que debería mejorar. Probamos aquello durante una semana, pero no mejoraba; de hecho, se veía muy mal. Lo llevamos otra vez y le volvieron a examinar. Esa vez descubrieron que el verdadero problema era que un huevo de mosca de algún modo había entrado en la fosa nasal del conejo. La larva de mosca estaba creciendo y estaba a punto de eclosionar. Por eso la cara del conejo estaba tan infectada.

Sin importar cuántos antibióticos le diera el veterinario al conejo, no tenían efecto. Tuvieron que llegar a la raíz del problema. Cuando encontraron la fuente de la infección y la eliminaron, el conejo se puso bien.

Ese es el modo en que obra el enemigo. Intenta plantar mentiras en tu mente que infectan tus pensamientos. Con frecuencia tratamos la superficie del problema e intentamos tener una buena actitud y una buena autoimagen, pero es una lucha constante, como siempre estuviéramos yendo cuesta arriba.

¿Podrías ser como nuestro veterinario y el conejo, tratando los síntomas pero sin tratar el verdadero problema? ¿Estás tratando lo de fuera pero ignorando la raíz, una mentalidad negativa hacia ti mismo? Tu modo de pensar en cierta área puede que esté infectado.

Quizá estés intentando romper una adicción, pero en lo profundo de tu ser oyes las palabras: *Serás un alcohólico igual que tu padre.* Quizá estés intentando hacer que tu matrimonio funcione, pero sigue llegando el pensamiento: *Te divorciarás igual que tus padres.*

Son mentiras, y están infectando tu modo de pensar. El modo de librarte de esos pensamientos es meditar en lo que Dios dice de ti. La Escritura dice que medites en la Palabra de Dios de día y de noche. En otras palabras, continuamente ten pensamientos positivos en tu mente: *Tengo talento. Soy creativo. Estoy ungido. Estoy equipado. Estoy capacitado. Soy bendecido. Soy próspero. Soy disciplinado. Soy libre de toda adicción. Camino en salud divina. Tengo el favor de Dios.*

La oración de hoy

Padre, te invito hoy a examinar mi corazón y mi mente. Muéstrame dónde haya cualquier raíz de destrucción en mi vida. Libérame de una vez por todas de cualquier cosa que me retenga a medida que te sirvo de todo corazón. En el nombre de Jesús. Amén.

El pensamiento de hoy

Yo decido tener pensamientos de fe, pensamientos de esperanza, pensamientos alentadores, pensamientos de puedo hacerlo; pensamientos que me hagan ser positivo, con esperanza, fuerte y valiente.

Lleva bien puestas tus bendiciones

Lectura bíblica: Salmos 128

Gozarás del fruto de tu trabajo; ¡qué feliz y próspero serás!

SALMOS 128:3, NTV

Hace unos años, un reportero muy conocido se refirió a mí como "el predicador sonriente". Esa historia ganó popularidad y recorrió todo el mundo. Pero algunas personas utilizan ese término en sentido derogatorio, como diciendo: "¿Por qué sonríe tanto? ¿Qué le pasa? Él no puede ser tan feliz".

Yo era joven y nuevo en el ministerio, y al principio pensé: *Bueno, quizá no debería sonreír tanto. La gente se está burlando.* Entonces entendí que no tengo que ocultar las bendiciones de Dios. No tengo que disculparme porque sonría todo el tiempo. Llevo bien puestas mis bendiciones.

Cuando mantienes a Dios en primer lugar y haces todo lo que puedes para honrarle, la Escritura dice: "Y vendrán sobre ti todas estas bendiciones, y te alcanzarán". Eso significa que llegarás a la felicidad, el aumento, el ascenso y buenas oportunidades, incluso algunas que no necesariamente merecías. Es Dios que te recompensa por andar en sus caminos.

Vemos este principio en el Antiguo Testamento con Rut. Ella estaba en los campos siguiendo a los obreros y espigando el trigo que ellos habían dejado.

Un día, el dueño de los campos, Booz, les dijo a esos obreros que dejasen bastante trigo a propósito para Rut. Rut ya no tenía que batallar tanto; no tenía que trabajar día y noche. Rut entró en bendiciones que sencillamente caían a sus pies.

La oración de hoy

Padre, gracias por los manojos que has dejado para mí a propósito: tus bendiciones y favor por los que no trabajé. Gracias por mantenerme en el lugar correcto en el tiempo adecuado con las personas correctas para cumplir con el destino que tienes preparado para mí. En el nombre de Jesús. Amén.

El pensamiento de hoy

Cada uno de nosotros puede mirar atrás y ver momentos en que Dios nos dejó muchas bendiciones a propósito, algo que no merecíamos, por lo que no tuvimos que batallar, o que ni siquiera pedimos. Sencillamente nos encontramos con ello. Ahora bien, aquí está mi desafío: no te disculpes por la bondad de Dios. No restes importancia a lo que Dios ha hecho en tu vida. No pongas excusas porque un amigo podría ponerse celoso. No intentes ocultar las bendiciones de Dios porque un compañero de trabajo podría juzgarte y pensar que no es justo.

El favor no siempre es justo

Lectura bíblica: Salmos 118

De parte de Jehová es esto, y es cosa maravillosa a nuestros ojos. Este es el día que hizo Jehová; nos gozaremos y alegraremos en él.

SALMOS 118:23–24, RV60

Solíamos cantar un canto titulado "Mira lo que el Señor ha hecho". Cuando celebras la bondad de Dios, cuando le das a Él todo el mérito, estás llevando bien puestas tus bendiciones.

David dijo: "De parte de Jehová es esto, y es cosa maravillosa a nuestros ojos". Esa es una actitud estupenda. Dale a Él el mérito de todo lo bueno que suceda: "De parte del Señor es esto".

"¿Sabes lo que es este hermoso edificio? Es de parte del Señor".

"Mi madre sigue disfrutando de la vida treinta años después de que le diagnosticasen cáncer terminal. ¿Sabes qué es esto? Es de parte del Señor, y es cosa maravillosa a nuestros ojos".

Si siempre ves el ascenso, la buena oportunidad, la sanidad, lo nuevo y las posibilidades que salen a tu encuentro como de parte del Señor, no tendrás problema alguno para llevar bien puestas tus bendiciones.

Yo solía sentirme en cierto modo culpable de que Dios me hubiera dado una vida tan estupenda. Siempre he sido feliz y bendecido por tener estupendos padres y abuelos, una hermosa esposa y maravillosos hijos. Una y otra vez Victoria y yo hemos considerado todas esas bendiciones que Dios nos ha dejado a propósito.

Hemos sido bendecidos, y es de parte del Señor. Pero cuando yo solía ver a personas tratando dificultades y luchando para vencer, intentaba restar importancia al modo en que Dios me ha bendecido para que ellos no se sintieran mal. Pero he aprendido que eso no da ningún honor a Dios. Dios quiere que seamos un ejemplo de su bondad. No tengo que disculparme si obtengo un montón de bendiciones a propósito y otra persona no. Tu tampoco; se supone que debemos llevar bien puestas nuestras bendiciones.

La oración de hoy

Padre, gracias por tu favor y tu bendición en mi vida. Decido llevar bien puestas mis bendiciones. Decido glorificarte por las cosas buenas que has hecho por mí. Que mi vida sea un testimonio de tu fidelidad. En el nombre de Jesús. Amén.

El pensamiento de hoy

Puede que sientas que no merecías una bendición, pero el favor no siempre es justo. Es sencillamente la bondad de Dios. En el momento en que comienzas a disculparte por lo que Dios ha hecho y restar importancia a su bondad, Dios encontrará a otra persona a quien mostrar favor. No estoy diciendo que deberías presumir de lo que tienes y de lo estupendo que eres; deberías presumir de lo grande que es Dios.

El ascenso viene del Señor

Lectura bíblica: Efesios 3

Al que puede hacer muchísimo más que todo lo que podamos
imaginarnos o pedir, por el poder que obra eficazmente en nosotros,
¡a él sea la gloria.

EFESIOS 3:20–21

Un joven en nuestra congregación se acercó a mí después de haber sido ascendido a una elevada posición en una importante empresa minorista. Él era el más joven en ese trabajo como supervisor de una amplia región. Estaba muy emocionado, y sabía que era el favor de Dios.

Pero fue ascendido por encima de otros compañeros de trabajo que llevaban mucho más tiempo en la empresa y tenían más experiencia. Ellos habían sido sus amigos, pero él sentía que le evitaban desde que fue ascendido. Sentía que ellos intentaban hacer que se viese mal hablando de él a sus espaldas.

Me dijo: "Sé que ha citado Efesios 3:20 en situaciones como esta. Precisamente de esto ha estado hablando; pero me siento culpable, como si hubiera hecho algo mal".

Yo le dije lo que te estoy diciendo a ti: es la bondad de Dios.

Llévala bien puesta. La Escritura nos dice que el ascenso no viene de las personas; el ascenso viene del Señor (ver Salmos 75:6-7).

Si no das un paso y llevas bien puesta esa bendición con una actitud de agradecimiento, ¿sabes lo que sucederá? ¡Dios se la dará a otra persona! No te preocupes si otros están celosos o se vuelven contra ti. He aprendido que algunas personas serán tus amigos hasta que recibas un ascenso. Los compañeros de trabajo puede que vayan a comer contigo mientras estés al mismo nivel, pero en el momento en que veas aumento, en el momento en que entres en varias bendiciones gracias a tu fe y a tus esfuerzos, los celos entrarán e intentarán hacer que te veas mal. No te preocupes por eso. Dios se ocupará de tus enemigos. Sé agradecido por la bondad de Dios.

Vemos un ejemplo de esto en la Escritura cuando Isaac estaban en una hambruna terrible. Había habido una gran sequía en la tierra durante algún tiempo, y no parecía que se fuera a ver el final. Isaac salió a su campo y plantó cultivos, justo en medio de la hambruna. No tenía ningún sentido, pero de algún modo en ese mismo año, sin la cantidad adecuada de agua, Isaac recibió cien veces lo que había sembrado porque el Señor le bendijo (ver Génesis 26:12).

Observa de dónde llegaron las bendiciones: del Dios todopoderoso. Fueron un puñado de bendiciones a propósito; aumento sobrenatural. Pero lo interesante es que cuando llegó la cosecha de Isaac, cuando Dios le bendijo, la gente que vivía a su alrededor, los filisteos, sus amigos, de repente se pusieron celosos de él.

Estaban bien mientras Isaac también pasaba hambre. Mientras estaban todos al mismo nivel, no era gran cosa, pero cuando él pasó a un nuevo nivel, cuando comenzó a llevar bien puestas sus bendiciones, la Escritura dice: "Los filisteos comenzaron a tenerle envidia" (Génesis 26:14).

La oración de hoy

Padre, gracias por el avance en mi vida. Gracias por el incremento. Gracias por la abundancia. Gracias por bendecirme porque eres bueno y tu misericordia permanece para siempre. Decido llevar bien puesta mi bendición y traerte gloria. En el nombre de Jesús. Amén.

El pensamiento de hoy

Con frecuencia pensamos: *¿Está mal que quiera vivir en una casa bonita? ¿Está mal que quiera un terreno mayor? ¿Es egoísta por mi parte querer conducir un auto bonito? ¿Está bien que quiera bendecir a mis hijos y dejarles una herencia?*

Dios dice: "Está bien. Lleva bien puestas tus bendiciones". Mientras estés poniendo a Dios en primer lugar y no vivas de modo egoísta ni estés haciendo ídolos de tus cosas materiales, entonces Dios quiere darte los deseos de tu corazón. Él se agrada en bendecir a sus hijos.

No te disculpes por la bondad de Dios

Lectura bíblica: Deuteronomio 28

*Si obedeces al Señor tu Dios, todas estas bendiciones vendrán sobre
ti y te acompañarán siempre.*

DEUTERONOMIO 28:2

Mis padres sembraron semillas durante cuarenta años antes de
que yo me hiciera cargo del ministerio en Lakewood. Yo estoy cose-
chando las recompensas de una bendición generacional. Mi abuela
por parte de padre ganaba diez centavos por hora lavando ropa para
otras personas durante la Gran Depresión. Trabajaba doce horas por
día y ganaba $1,20 dólares. Mi padre iba a la escuela con agujeros en
sus pantalones; se ponía cartón en la planta de sus zapatos porque las
suelas estaban muy desgastadas.

Mis abuelos y mis padres hicieron grandes sacrificios para llevarnos donde estamos en la actualidad. Por tanto, llevo bien puestas mis
bendiciones. Puede que la gente nos critique; puede que nos juzguen;
puede que encuentren faltas, pero no saben lo que fue necesario para
llevarnos donde estamos hoy.

Ellos no estaban ahí cuando los niños de nuestra familia barrían
la vieja iglesia y limpiaban edificios. Ellos no estaban ahí cuando mi
padre viajaba durante semanas haciendo trabajo misionero por todo
el mundo mientras mi madre se ocupaba de cinco hijos ella sola.
Ellos no estaban ahí cuando a mi mamá le diagnosticaron cáncer terminal y peleó la buena batalla de la fe. Ellos no estaban ahí cuando
mi padre partió con el Señor y yo pasé a pastorear la iglesia prácticamente muerto de miedo.

Algunas personas llegan después de la batalla y te ven tal como
estás ahora: bendecido, próspero, sano, sobrio, libre y feliz. Quieren
juzgarte y criticar, pero el problema es que ellos no fueron testigos de

los años de lucha; no vieron los sacrificios que se hicieron; no vieron las batallas peleadas, las veces en que tuviste ganas de tirar la toalla pero seguiste adelante, las noches en que te quedaste despierto, y orabas, y creías, y dabas y servías. Ellos no vieron el precio que se pagó para llevarte hasta donde estás ahora.

Una bendición puede que parezca gratuita, pero lo cierto es que te costó algo. La bendición de Rut, su puñado a propósito, llegó después de que ella hubiese enterrado a su esposo y después de que su suegro muriese. Ella había sufrido un gran dolor.

Estoy seguro de que algunos de aquellos obreros dijeron: "Vaya, no es justo. ¿Por qué esta mujer está obteniendo todo este trigo gratis cuando nosotros tenemos que trabajar?". No entendían que Rut había pagado el precio. Ella había demostrado ser fiel; se estaba ocupando de sus seres queridos. Dios la estaba recompensando.

La oración de hoy

Padre, gracias por tu bondad y fidelidad en mi vida. Declaro que no voy a esconder mi bendición, no me voy a disculpar por tu bondad sino que te bendeciré y te alabaré por ello. Ayúdame a ser un ejemplo de tu amor a medida que llevo bien puesta mi bendición. En el nombre de Jesús. Amén.

El pensamiento de hoy

Cuando llevas bien puestas tus bendiciones y tomas uno de esos manojos de bendiciones que te han sido dejados a propósito, no te sorprendas si atrae la envidia de la gente. Cuando te ataquen, simplemente di, con humildad: "Estoy llevando bien puesta esta bendición, a pesar de la crítica y la envidia. Si a mis amigos no les gustan mis bendiciones, entonces es momento de encontrar nuevos amigos que celebren conmigo a medida que celebro con ellos".